괜찮지않습니다

괜찮지 않습니다

최지은 지음

RHK
알에이치코리아

시작하며

기자로 일하는 동안 천 번이 넘는 회의를 했다. 매일, 매주, 매 분기마다, 그리고 매체가 바뀔 때마다. 누구를 만날지, 무엇을 쓸지, 어떻게 일해야 할지에 대해 나누었던 그 많은 이야기의 대부분은 이제 기억나지 않는다. 하지만 내가 결코 잊을 수 없는 것은 그날의 회의다. 2015년 봄, 내가 '옹달샘' 3인방, 유세윤, 장동민, 유상무에 대한 특집 기획을 제안하던 순간 말이다. 나는 유세윤과 장동민을 인터뷰한 적이 있고 유세윤의 프로젝트 그룹 UV를 좋아했으며, 절친한 친구 사이이자 대학·방송사 개그맨 공채 동기이기도 한 이 세 남자의 끈끈한 우정이 서로의 캐릭터와 커리어를 쌓아 올리게 만든 서사에 대해 쓰고 싶었다. tvN 〈더 지니어스: 블랙가넷〉 우승이라는 성취를 거머쥔 장동민이 MBC 〈무한도전〉 새 멤버로 선발되는 문턱까지 온 시점에. 나는 그 기사가 재미있을 거라 생각했다. 지금도 그 순간을 떠올리면 온몸의 피가 빠져나가는 기분이 든다.

1주일 뒤, 내가 쓰게 된 특집 기획의 주제는 '여성혐오 엔터테인먼트'였다. 아이템을 냈던 다음 날, 팟캐스트 〈옹달샘과 꿈꾸는 라디오〉에서 그들이 해온 여성혐오, 약자 비하 발언들이 수면 위로 올라왔던 것이다. 그 후 일어난 일들을 더 설명할 필요는 없을 것 같다. 다만 그 후로 수백 번쯤 그날의 회의가 떠오를 때마다 부끄러웠다. 과거에 썼던 글을 떠올리거나 다시 마주하는 것도 괴로웠다. 온라인 대중문화 매체에서 10년 넘게 일하며 내가 가장 좋아했던 댓글은 "ㅋㅋㅋㅋㅋㅋㅋ"였다. 나는 사람들이 무엇에 재미를 느끼는지 항상 궁금해했고, 많은 사람들이 익숙하게 웃음을 터뜨리는 코드들을 관찰해 그들을 웃길 수 있을 것 같은 글을 썼다. 늘 성공한 것은 아니었지만. 또한 나는 멋진 남자들의 세계에 빠져들고, 찬사를 보내고, 그들의 '다양한' 매력을 발굴해 전파하는 데서 기쁨을 느꼈다. 물론 가끔은 멋진 여자들에 대해서도 썼다. 하지만 분명 남자들보다는 적었다. 나는 모든 영역에서 남성들에게 더 관대했고, 너무 금세 숭배했다. 그사이 '남자 친구에게 명품 백을 뜯어내려는 여자' 같은 소재의 코미디가 수없이 재탕되며 여성혐오를 퍼뜨려 공고히 했고, '알탕 영화'와 '아재 예능'에 밀려 여성들이 화면에서 사라져 갔다. 나는 그것을 너무 늦게 깨달았다. 그러나 늦었다 해서 끝은 아니다. '끝의 시작'[1]이라는 리베카 솔닛의 말을 나는 아주 좋아한다.

이 책에 실린 글의 대부분은 트위터 해시태그 운동인 #나는페미니스트입니다 선언에 이어 옹달샘 사태가 발생했던 2015년 봄 이후, 웹 매거진 《아이즈》에 썼던 기사들을 수정하거나 가필한 것이다. 대중문화 영역 외에 메갈리아, 몰래카메라, 여성혐오 살인 사건 등 한국 여성의 일상을 파고든 이슈에 대해 쓴 글도 있다.

사람이 스스로 얼마나 보잘것없는 존재인지 확인하게 되는 순간은 사랑에 빠졌을 때와 책을 쓸 때인 것 같다. 페미니즘이라는 깊고 넓고 무거운 화두를 감히 내가 다루어도 될지 수없이 망설였고, 지금 이 순간에도 나의 부족함으로부터 도망치고 싶다. 하지만 내가 페미니스트로서 대중문화 콘텐츠를 바라보기 시작했을 때, 모든 것은 그 전처럼 즐겁지 않고 낯설어졌다. 나는 종종 주위 사람들에게 "그거 봤어? 혹시 나만 불편한 거야?"라고 묻고 확인해야만 했다. 계속 혼란스러워하다가 '나도 불편하다'는 누군가의 글 한 줄을 발견하고서야 겨우 안도하기도 했다. 그래서 어떻게든 말하고 싶었다. 당신만 그런 게 아니라고, 나도 그렇다고, 우리 같이 얘기해 보자고.

오랫동안 함께 이야기 나눠준 《아이즈》 동료들이 아니었다면 이 책은 시작조차 할 수 없었을 것이다. 끊임없는 조언과 독려로 이끌어주신 편집자 강설빔 님 덕분에 이 책을 마무리할 수 있었다. 이분들, 그리고 내게 가르침을 주는 모든 여성들에게 감사드린다.

2017년 9월,
최지은

차례

시작하며 … 4

Part 1. 한국에서 여자로 산다는 것
여학생, 결코 돌아가고 싶지 않은 시절 … 12
몰카의 왕국에서 살아남기 … 21
김지영 씨가 남긴 것 … 31
성폭력 피해자를 위한 아주 최소한의 가이드 … 38
'갱년기 농담'을 던지기 전에 … 48
엄마의 모든 시간, 양육이라는 노동 … 56
살아남은 여성들의 세계: **강남역 여성혐오 살인 사건 이후** … 65

Part 2. 대중문화 속 혐오 바이러스
'○○녀'는 어떻게 탄생하고 죽어가는가 … 74
여성은 한국 예능을 웃으며 볼 수 있을까 … 83
응답하라, 누구의 딸일 수밖에 없는 … 91
하나도 기쁘지 않습니다 … 97
방송통신심의위원들은 왜 모두 남자일까 … 102
더 이상 설레지 않습니다: **한국 드라마 속 로맨스의 폭력적 클리셰** … 113
어떻게 대해도 괜찮은 사람: **걸 그룹이라는 '신분'에 대하여** … 121
'센스'란 무엇인가: **여자 연예인에게만 엄격한 잣대에 대하여** … 134
여자가 예능에서 피해야 할 7가지 … 141

Part 3. 한국 남자들이 사는 세상

'아재파탈'이라는 허상 … 150

아재가 지배하는 예능에서 벌어지는 일들 … 157

한 번으로 끝내는 예능 자막 만능 단어 7 … 163

남자의 이야기 속 강간 피해자는 어디로 가는가 … 171

'알탕 영화'의 법칙 … 178

자연인이 되고 싶은 남자들 … 191

여자를 증오하는 남자들 … 198

Part 4. 그래서 페미니즘

여배우, 꽃이라 불리며 가시밭길을 걷는 사람들 … 210

페미니스트로 사는 게 재미있다 … 222

메갈리아 이후, 어떻게 싸울 것인가 … 230

나는 페미니스트 선생님을 만난 적이 있습니다 … 239

미주 … 242

Part 1
한국에서
여자로
산다는 것

여학생,
결코 돌아가고 싶지 않은 시절

2017년 6월, 대전의 한 중학교에서 1학년 남학생 10여 명이 여성 교사의 수업 중 집단으로 자위행위를 했다는 기사를 읽었다. 진상 조사를 벌인 대전시교육청은 "체육복 바지 또는 속옷 위로 신체 특정 부위를 만지고 서로 음모 크기를 비교하는 등 부적절한 행동이 있었다"며 "해당 교사를 대상으로 한 음란 행동이 아니라 영웅 심리에 따른 사춘기 학생들의 장난으로 파악됐다"고 해명했다. 결론적으로 "많은 사람이 상상하듯 집단적·고의로 한 행동이 아니고 장난삼아 한 행동"이었다는 것이다.[1] 그렇다면 자신의 의지와 상관없이 각자 신체 특정 부위를 만지는 장난을 칠 수밖에 없었던 상황에 처한 남학생 10여 명이 우연히 같은 교실, 같은 수업 시간에 존재했을 뿐이라는 얘기인가?

대단히 놀라운 일은 아니다. 한국에서 남성의 성욕은 스스로 제어할 수 없는 '본능'으로 취급되어 과도하게 이해받는다. 특히 10대 남성의 끓어오르는 성욕은 수많은 영화와 만화, 소설에서 자위, 몽정, 여탕 훔쳐보기, 포르노 시청, 첫 섹스 등으로 등장해 웃음을 유발하는 장치로 쓰이거나 의미 있는 성장 포인트로 그려진다. 이를 감추지 않았던, 아니 기꺼이 내보이고 싶어했던 남성 창작자들 덕분에 나는 너무나 잘 알게 되었다. 같은 반 여자아이의 치마를 들치거나 브래지어 끈을 잡아당기고 도망치던 남자아이들이 자라, 옆집 누나가 옷 갈아입는 모습을 훔쳐보고, 지나가는 여성의 가슴골에서 눈을 떼지 못하며 침을 꿀꺽 삼키고, 교실에서 도색잡지를 돌려보고 부모님이 안 계신 집에서 '야동'을 함께 보고 '총각 딱지'를 떼기 위해 고군분투하며 우정을 다져왔다는 것을.

다만 흥미로운 것은 대전의 중학교 남학생 집단 자위 사건이 여성에 대한 남성 집단의 가해라는 지점을 희석하고 싶어하는 몇몇 사람들이 '여학생들이 남자 교사의 수업 시간에 단체로 자위를 했다면'이라는 가정을 내세웠다는 점이다. 어떤 이는 이에 더해 "(자위를 한) 여학생들이 (지켜본) 남교사 때문에 성적 수치심을 느꼈다며 성추행으로 고발해서 남교사가 가해자로 비난받을 수도 있겠다"고 말했다. 가능성이 지극히 낮을 뿐 아니라 발생하지도 않은 사건을 상상하며 남교사를 피해자로 만들어야만 하는 이유는 알 수 없다. 그러나 나를 비롯해 여학생이라는 시기를 거쳐왔거나 거치고 있는 많은 여성들의 증언에 따르면, 일단 여고에서 남자 교사의 수업 시간에 여학생들은 자세만 조금 흐트러져 있어도 "계집애들이 부끄러움도 없이 남자 앞에서 다리 벌리고 앉아 있냐!"고 혼나기 일쑤다. 한국에서 여학생이란 교사이기 전에 '남자'인 그들의 시선을 신경 써야 하는, 학생이기 전에 '여자'인 존재로 몸가짐을 단속받는 것이다. 한여름에도 브래지어가 비쳐 보이지 않도록 속옷을 한 벌 더 껴입지 않으면 '검사'를 받아 혼이 나는데, 브래지어 끈을 잡아당기며 핀잔을 주는 남교사들은 여러 학교에 존재하며 인근에 소문이 퍼질 만큼 악명이 높았다. 너희들은 항상 '여자답게' 굴어야 하지만 '여성'이라는 존재 자체는 숨겨야 하느니!

그러나 과연 여학생의 복장과 행동을 단속하는 것이 그들을 '보호'할 수 있는 방법일까. 몇 년 전, 유명 시인이자 교사인 남성이 학교에서 제자를 성추행한 혐의로 해임되었다. 낯설지 않은 사건이었다. 학창 시절 진로 상담을 받고 나온 친구들이 "긴 소파에 자리가 많은데 선생님이 끝자리에 꼭 붙어 앉으려고 했다", "선생님이 계속 손을 주물러서 기분이 나빴다" 같

은 말을 했던 기억이 하나둘 떠올랐다. 너무 흔한 일이어서, 그리고 무엇이 문제인지, 누구에게 어떻게 말해야 할지 몰라서 우리는 뒤에서 수군대는 것 말고는 아무것도 하지 못했다.

남교사의 여학생 대상 성범죄는 여전히 너무 흔한 일이다. 2017년 4월, 경기 화성동부경찰서는 아동복지법 위반 혐의로 고등학교 3학년 담임을 맡고 있는 한 교사를 기소 의견으로 검찰에 송치했다. 그는 교무실에서 자기 반 학생 3명과 개별 상담을 하며 "너는 내가 좋아하는 스타일이다", "남자 친구가 있다고 하던데, 내가 네 마음을 뺏고 싶다", "데이트를 하면서 얘기하자"는 등의 말을 한 것으로 조사되었다.[2] 2017년 8월, 여주의 한 고등학교 교사는 전교 여학생 중 3분의 1에 해당하는 55명의 엉덩이 등을 만진 혐의로 구속 기소되었다. 그와 함께 구속 기소된 또 다른 교사는 여학생 31명을 성추행하고 남학생 3명을 폭행한 혐의를 받았는데, 그는 해당 학교에서 인권 담당 생활부장을 맡고 있었다.[3] 2016년 '#문단_내_성폭력' 해시태그 운동 과정에서도 한 예술 고등학교에서 벌어진 남성 강사의 성추행이 수면 위로 올라왔다. 단속해야 하는 대상은 과연 누구인가.

심지어 소녀, 여학생, 미성년자 여성을 향한 성폭력적 행위나 발화들은 학교 안에서만 일어나는 것이 아니다. 어린 여성은 언제 어디서나 '금단의 과실' 같은 성적 대상으로 취급받고, 이에 대한 비판은 성적 엄숙주의로 치부되기도 한다. 한 유명 미술 평론가는 2004년 자신의 블로그에 서울의 한 예술 고등학교 여학생들에 대한 성적 망상을 상세히 기록했다. 그는 버스 안의 여학생을 보며 다리 사이 냄새, 체모 길이, 생리대 착용 여부, 속옷 모양 등에 대해 상상한다고 썼다. 이 글이 논란이 되어 그가 비판받은 것은 미술계 내 성폭력 역시 수면 위로 떠오른 2016년이었다. 그러자 그는 블로그에 글을 올려 "상상과 표현만으로 잘못일 수는 없다"고 반박했다.[4]

지난 몇 년간 여름 무렵마다 온라인 커뮤니티에서 마치 축제처럼 인기를 끌었던 의정부고등학교 졸업 사진은 어떤가. 만화, 영화, 광고 속 캐릭터는 물론 정치인과 각종 사물로까지 분장한 학생들의 아이디어와 노력은, 의정부고가 '남고'가 아닌 '여고'였어도 유쾌하다며 박수 받을 수 있었을까. 2016년, 역시 다양한 캐릭터로 변신해 졸업 사진을 촬영한 인천의 한 여고 학생들 사진 일부가 온라인에 공개되었을 때의 반응을 돌이켜 보면 결코 그렇지 않음을 알 수 있다. 여성들의 노출 수위가 높은 화보로 유명한 남성 잡지 《맥심》의 페이스북 관리자는 미성년자인 이들을 향해 "지금 당장 미스 맥심 콘테스트에 나와도 될 것 같다"고 평가했고, 신상 유출과 성희롱, 외모 비하 댓글에 큰 상처를 받은 학생들은 온라인에 떠도는 자신들의 사진을 모두 지워달라고 부탁했다.

그뿐만이 아니다. 10대 남성들의 성욕에 대해서는 온 사회가 "참느라 힘들지? 자식들, 힘내라!"며 좋은 티슈라도 챙겨주려는 분위기라면, 10대 여성의 성욕은 어떤가. 한마디로 거의 존재하지도 않는 것처럼 지워져 있다. 여자아이들의 성욕에 대해서는 그것이 존재하지 않는 것처럼 여기기 때문에 부모도 학교도 제대로 가르치거나 신경 쓰지 않는다. 좀 더 정확히 말하면, 존재하지 않는 것으로 여긴다기보다 '존재하지 않아야 하는 것'으로 여긴다. 온갖 매체를 통해 여자는 날씬하고 예뻐야 한다는 가치관을 주입받는 10대 여성이, 자기 몸으로 누릴 수 있는 쾌락에 대해서는 몰라야 하는 것이다.

처녀성, 피임, 정조, 모성의 숭고함을 빼면 남는 게 없던 여고 시절 성교육 시간에, 우리는 '이성친구'와 단둘이 있다가 임신을 하게 된(피아노인지 책장 위에 놓여 있던 곰 인형이 바닥에 추락하는 장면을 통해 성관계가 암시되었다) 은미라는 여자아이가 겪는 수난을 다룬 비디오를 보았다. 여자는 자기 몸이 '더럽혀지지 않도록 소중히' 해야 하는데, 남자는 성욕을 자제할 수 없으므로(무슨헐크의 변신인가?) 내 몸을 지키려면 남자와 단둘이 있지 말 것!

20년이 지난 지금도 상황은 그때와 별반 다르지 않아 보인다. 2015년 교육부가 발표한 성교육 표준안 고교 과정에는 "성관계를 갖겠다는 생각이 없으면 함께 숙박업소에 가지 않는다", "데이트 비용을 많이 사용하는 남성 입장에서는 그에 상응하는 보답을 원하게 마련이고, 이 과정에서 원치 않는 데이트 성폭력이 발생할 수도 있다" 등의 내용[5]이 포함되었고, 이에 대한 비판이 일자 수정되었다.

다시 2017년 6월, 창원의 한 여고에서는 남자 교사가 자신이 담임을 맡고 있는 2학년 반의 교탁 위 분필 바구니에 동영상 촬영과 와이파이 기능이 있는 카메라를 몰래 설치했다가 학생들에게 발각되었다. 학생들과 학부모 항의, 국민신문고 민원 접수가 이어지고 나서야 해당 교사는 자숙하겠다며 육아휴직에 들어갔다.[6] 사건은 8월 초에야 언론 보도와 학생들의 익명 SNS 계정 폭로를 통해 널리 알려졌는데, 이 과정에서 해당 학교의 교장이 1년여 전 1학년 학생 대상 특강에서 "좋은 대학 못 가면 성을 팔 수도 있다"[7]는 발언을 한 사실도 밝혀졌다. 해당 학교의 한 학생은 "(학교에서는) 학생들 입막음만 하려고 한다. 이전부터 교무실 앞에 'SNS 토로 자제'라고 쓰여 있는 종이가 붙어 있었는데 학내 문제에 대해 불만을 이야기하는 학생들을 어떻게 생각하는지 그대로 보여주는 문구다. (중략) 학교 안에서는 학생들이 할 수 있는 게 아무것도 없으니까 언론이나 외부에 도움을 요청하게 된다"[8]고 말했다.

최근 2~3년 사이 트위터와 페이스북에는 창원의 'N여자고등학교'를 비롯해 'S여고', 'B여고' 등 수많은 중·고등학교에서 발생하는 인권침해와 성폭력 고발 계정이 등장했다. 수백, 수천 번의 리트윗을 거치고 언론에 보도가 되고 나서야 감사가 시작되고 일부 건에 대한 징계가 이루어졌다. 한국의 청소년들이 여간해서는 벗어날 수 없는 학교라는 공간에서, 벗어던질 수 없는 교복 차림의 미성년 여성들이 겪는 다중의 억압과 폭력, 정서적 학대 상황은 그만큼 흔해 빠진 것이고 좀처럼 개선되지 않는다. 하지만 언제부터인가 이들의 '익숙한' 폭로를 볼 때마다 '도저히 더는 못 견디겠다'는 비명이 들려오는 것 같다. 그 목소리에 귀 기울이는 것만이, 다시는 돌아가고 싶지 않은 내 여학생 시절에 대한 최선의 마무리일 것이다.

몰카의 왕국에서
살아남기

모자·넥타이·옷걸이·전등·화재경보기·드론, 그리고 물병. 이들의 공통점은 무엇일까. 정답은 모두 초소형 카메라, 즉 도촬이 가능한 '몰카'의 형태 중 하나라는 것이다. 2017년 8월 27일 오후 7시 42분 현재, 포털 사이트 네이버 검색창에 '몰카'를 치면 39,447건의 뉴스가 쏟아진다. 그중 최상단에 뜨는 기사의 제목은 "경찰, 피서철 '몰카' 유포·촬영자 983명 검거"인데, 몰래카메라 집중 단속 기간이었던 7월 1일부터 8월 20일 사이 천 명에 가까운 사람들이 남을 도촬하거나 그 촬영물을 유포했다는 얘기다.[9] 7월 중순, 지하철에서 휴대폰으로 여성의 하체를 몰래 촬영하다가 시민들에게 붙잡힌 현직 판사도 이들 중 한 명일 것이다. 그는 서울의 한 지방법원에서 성범죄 재판 전담 판사로 재직 중이었다.[10]

내가 검은 마스크를 산 것은 2015년 6월이었다. 메르스 공포가 한창이었지만 메르스 때문은 아니었다. 화장실에 가기 위해서였다. 일반인 여성을 도촬한 사진이나 애인과의 성관계 동영상을 인터넷에 유포한 남성이 검거되었다는 기사를 읽은 적은 있지만, '몰카'의 대상과 그 범위가 어마어마하게 넓다는 사실을 실감하게 된 것은 메갈리아의 전신, 디시(DC)인사이드 메르스 갤러리에서 널리 알린 소라넷의 실상 때문이었다. 불법 음란물을 공유하는 사이트인 소라넷의 '훔쳐보기' 게시판에는 하루 수십 건의 여성 도촬 사진이 올라와 수만 건의 조회 수를 기록했고, 도촬범인 남성들은 여성의 얼굴을 가리지 않은 원본을 보고 싶으면 '쿨하게' 메일로 보내주겠다며 시시덕대고 있었다. 길거리, 지하철, 학교, 마트, 은행 등 일상의 공간 어느 곳도 몰래카메라에서 자유롭지 않았지만, 특히 공중화장실 몰카가 그토록 많다는 것은 충격이었다. 타인이 배변하는 광경을 그렇게 집요하게 들여다보고자 하는 욕망은 무엇일까. 자신에게 "감히 개긴" 예쁜 동기의 화장실 몰카를 소라넷에 뿌리면서 "자기 부끄러운 곳이 찍힌 영상이 존재한다는 걸 상상도 못하는 여자"를 몰래 능욕하며 희열을 느낀다는 남자 대학생의 글에서 그 어둠이 언뜻 읽혔다.

꼭 이해할 필요는 없었다. 다만 도처가 지뢰밭이라는 것만은 알 수 있었다. 화장실에 들어가기 전 급히 마스크와 선글라스를 착용하는 모습이 수상하게 보일까 신경 쓰다가도, 문을 닫고 나면 빠르게 칸 안을 훑어봤다. 자동차 키홀더나 안경, 단추 모양은 물론 나사 모양 초소형 카메라도 있다는 사실을 알게 된 뒤에는 나사를 유심히 관찰하는 버릇이 생겼다. 자주 가는 영화관 화장실에는 벽 경첩에 8개, 문 경첩에 4개, 가방걸이에 3개의 나사가, 집 근처 지하철역 화장실에는 칸마다 총 13개의 나사가 박혀 있다는 것을 알게 되었다. 문에 붙은 금연 표지, 팝콘과 콜라 콤보 광고사진이 끼워진 액자마저 의심스러웠다. 《밤은 천 개의 눈을 가지고 있다》라는 제목의 소설을 쓴 코넬 울리치에게는 미안하지만, 공중화장실에 갈 때마다 '변기는 천 개의 눈을 가지고 있다'는 말을 떠올릴 수밖에 없었다.

2015년 7월 초, 홍익대학교의 한 건물 여자 화장실에서 소형 카메라가 발견되었다. 천장이나 벽에 구멍이 나 있으면 플래시를 비춰 반사되는지 확인해 보라는 대처법이 알려졌지만, 그전 4월, 원주의 한 대학교 여자 화장실에서 외장 하드디스크와 함께 발견된 카메라처럼 쓰레기통 안에 들어 있는 것까지 눈치채기는 쉽지 않은 일이었다. 휴대용 몰카 탐지기를 구입할까 고민하다가, 탐지되지 않는 기기도 많다는 얘기를 듣고 마음을 접었다. 대신 작은 드라이버가 달린 접이식 나이프를 샀다. 수상한 구멍이 보이면 찔러 넣어 렌즈를 깨뜨리자, 마스킹 테이프나 지점토로 막아버리자는 아이디어가 여성들 사이에서 생활 정보처럼 퍼져나갔다.

스마트폰에 '비밀 촬영' 앱이 많다는 사실 역시 도촬 범죄 때문에 알게 되었다. 무음 모드가 가능하고 촬영물을 숨김 폴더에 저장했다가 여차하면 바로 삭제해 발뺌할 수 있게 하는 등, 기술은 징그럽게 발전하고 있었다. 버스와 지하철을 탈 때마다 신경이 곤두섰다. 허벅지가 의자에 밀착되도록, 상의 앞자락이 벌어지지 않도록 허리를 꼿꼿이 세웠다. 소라넷의 남자들은 여성 승객들의 사진을 공유하며 "강간하고 싶다", "쌍년들 다 먹어버리고 싶네"라고 낄낄대고 있었다. 에스컬레이터에서도 뒤쪽을 향해 비스듬히 서야만 했다. "계단이나 에스컬레이터를 이용하실 때 주의를 기울여주시기 바랍니다"라는 경고문은 도촬범이 아닌 잠재적 피해자들을 향한 것이었다. 심지어 치마 입은 여자들이 계단을 오를 때 '주의를 기울여' 가방이나 손으로 뒷자락을 가리는 것에 분개하는 남자들도 많았다. 그런 여자들을 보면 계단 꼭대기로 뛰어 올라가 걷어차 버리고 싶다는 게시물에 많은 남자들이 신나게 공감했고, 과거 한 시사 주간지의 남자 기자는 블로그에 "가리는 거냐? 봐달라고 표시하는 거냐? 그렇게 똥꼬 안 가려도 된다. 나도 눈 가리고 싶다. 착하게 입었으면 행동도 착해야지. 아예 핸드백을 입고 나오지 그러니? 아니면 바지를 안에 입고 나오던가"라는 글을 써서 논란이 일자 비로소 사과하기도 했다.

대중교통을 이용하거나 거리를 걸을 때 화난 표정을 짓는 버릇도 생겼다. 인터넷에서는 버스 옆자리 여성을 도촬하다 들킨 남성이 궁지에 몰리자 차도로 휴대폰을 던져버리는 동영상이 화제가 되었다. 그러나 누구나 이 여성처럼 그 자리에서 상황을 파악하고 대응하지는 못할 것 같았다. 한 통신사는 지하철에서 동영상 강의를 보던 남성에게 자신이 도촬당했다고 오인한 여성이 항의하다가 무안해지는 상황을 코믹하게 연출한 온라인 광고를 내보냈다. 여성이 성폭력에 맞설 때 가장 먼저 부딪히는 벽이 "지가 뭔데, 혼자 유난 떨고 있네"라는 사회적 분위기임을 단 한 번도 생각해 보지 않았을, 아니 알면서도 굳이 조롱하고 싶었던 사람들이 만든 광고였을 것이다.

그리고 문득, 욕실 샤워기 옆 타일 벽에 뚫려 있는 작은 구멍이 눈에 들어왔다. 낡은 아파트 벽에는 이사 올 때부터 갈라진 틈과 구멍이 있었지만, 전에는 무심히 지나치던 것들이 돌연 불안의 씨앗이 되었다. 소라넷부터 페이스북까지, 인터넷의 수

많은 공간에는 애인은 물론 아내나 여동생의 몰카를 자랑스럽게 올리는 이들이 있었다. 명절이 지나면 '일간베스트 저장소(일베)'에는 사촌누나와 여동생 몰카가 주르르 올라왔다. 도촬범과 이를 공유하는 남성들은 자신의 생활공간에서 편안한 차림으로 그냥 '있었'을 뿐인 여성들에게 즐겁게 음담패설을 퍼부었다. 한때 자신과 사랑에 빠져 결혼을 하고 아이를 낳고 인생을 함께하고 있는 아내의 샤워 장면을 찍어 올리며 "욕플, 야플 환영이요"라고 쓰는 사람은 무엇일까. 다시 한 번 이해하기를 포기했다. 어쨌거나 동거인을 철저히 믿을 수 없다면, 집은 그야말로 지옥이 될 터였다. 외부에서 왔거나 밖으로 연결된 것들도 의심스러워졌다. 초여름에 설치한 에어컨은 안전할까? 저 환풍구 안에는 정말 아무것도 없을까? 샤워기 옆 구멍을 면봉으로 막아버리고 나서야 노이로제에서 빠져나올 수 있었다.

2015년 8월, 채팅으로 알게 된 남성에게 돈을 받고 워터파크 여러 곳의 여자 샤워실을 돌며 몰카를 촬영한 여성이 검거되었다. 남성은 지인에게 영상을 팔았고, 이 영상은 P2P 사이트를 통해 유포되었다. 같은 학교 여학생 수십 명의 하체를 도촬하고 피해자 이름별로 폴더를 만들어 저장했던 서울대학교 조교가 자신의 트위터 계정에 사진과 영상을 업로드해 왔다는 사실도 이즈음 밝혀졌다. 한 대학 병원 인턴은 소개팅에서 만난 여성이 만취하자 호텔에 데려가 성관계를 가진 후 피해자의 나체 사진을 촬영해 친구들에게 메신저로 유포했다. 하루에 다섯 차례 지하철 여성 승객들의 신체를 도촬하다 기소된 30대 남성은 '결혼을 앞둔 점' 등 여러 사정이 참작되어 선고유예를 받았다. 그러나 이런 소식에 일일이 분개한다면 일상생활이 불가능할 것이다.

포털 사이트의 질문 코너나 법률 정보 커뮤니티에는 '호기심에'서나 '술기운에' 여성을 도촬하고 사진을 유포했다가 법적 처벌을 받게 된 이들의 '억울한' 사연이 수백 건 올라와 있다. 소셜커머스에서 "운전할 때나 강의 녹화 등에 쓸 수 있다"는 초소형 카메라를 판매하며 '볼펜 캠코더'는 '국민 볼펜'으로, '적외선 시계 카메라'는 '야광 시계'로 친절히 물품명을 변경해 배송해준다는 나라에서는 마음만 먹으면 누구나 도촬범이 될 수 있다. 해외에 서버를 두고 주기적으로 사이트 주소를 바꿔가며 법망을 피해 온 소라넷이 폐쇄되기 전 트위터 계정 팔로워는 37만 명을 넘었고 사이트 이용자는 100만 명에 이르렀으며, 도촬한 사진이나 영상이 유포되는 플랫폼은 소라넷만이 아니다.

2015년 9월, 김상민 당시 새누리당 의원이 9월 국정감사를 앞두고 발표한 보도자료에 따르면, 몰래카메라 범죄는 2007년부터 2015년까지 8년간 약 12배 증가했고, 같은 기간 동안 전체 성범죄 중 몰래카메라 범죄가 차지하는 비중도 약 10배 늘었다. 또 2016년 한국여성변호사회에서 주최한 '온라인 성폭력 실태 및 피해자 지원을 위한 심포지엄'에 따르면, 2009년부터 2016년에 걸쳐 발생한 1,540건의 몰래카메라 범죄 사건을 분석한 결과 피해자의 99퍼센트가 여성이었다고 한다.

2015년 여름이 끝날 무렵, 강신명 당시 경찰청장은 '카메라 등 이용촬영(몰카) 성범죄 근절 강화 대책'을 발표했다. 메갈리아를 중심으로 도촬범들을 향한 경고 스티커를 제작해 공중화장실에 붙이는 프로젝트가 진행되었고, 소라넷 폐쇄와 관련자 처벌을 요구하며 시작한 온라인 서명운동의 참여자는 수만 명에 이르렀다. 서버가 해외에 있어서 어차피 못 잡는다며 뒷짐지던 남자들, 성인이 '야동' 볼 권리까지 뺏으려 하냐며 분개하던 남자들이 뭐라 하든, 많은 여성들이 도촬 문제를 언론에 제보하고, 소라넷에서 벌어지는 성범죄를 모니터링하고, '훔쳐보기' 게시판을 공격했다. '안전 이별' 이전에 '안전 용변'을 걱정해야 하는 사회에 산다는 건 너무 비참했고, 그만큼 절박한 문제였다.

그리고 2016년 봄, 소라넷은 폐쇄됐다. 의미 있는 승리였지만 끝난 건 없었다. 도촬범과 공범들은 이미 너무 많았고, 초소형 카메라들은 여전히 구하기 쉬웠다.

그즈음, 친구의 지인에게서 연락이 왔다. 이름만 들으면 알만한 여의도의 한 기업에서 남성 관리자가 여성 직원들을 지속적으로 도촬해 왔다는 사실이 피해자들에 의해 발각되었다. 그런데 사 측에서는 가해자를 징계하는 대신 그가 피해자들 모르게 조용히 퇴사하도록 돕고 있다는 것이었다. 우연히 이 사실을 알게 된 피해자는 혹시 무슨 방법이 없겠냐며 도움을 청했고, 나는 방송사 기자인 친구에게 상황을 전달했다. 도촬 범죄에 대한 사회적 관심이 높아진 시점이라, 보도를 통해 가해자와 사 측을 압박할 수 있겠다는 답이 돌아왔다. 그러나 결국 우리는 아무것도 할 수 없었다. 사 측에서 '더 이상 이 사건에 대해 말 나오지 않게 하라'는 지시를 내렸다고 했다. 피해자들을 보호하기는커녕 피해 사실 자체를 지우려 하는 조직 내에서, 어리고 직위가 낮은 여성 직원들은 신원 노출을 극도로 두려워했다. 혹시라도 언론 제보 사실이 밝혀지면 어떤 불이익을 당할지, 이 회사에 다닐 수 없게 되면 뭘 해서 먹고살 수 있을지, 답해 줄 수 있는 사람은 아무도 없었다. 며칠 고민하던 피해자는 결국 공론화를 포기하겠다는 의사를 전해 왔다. 개인적으로 형사소송을 준비 중인 피해자가 있다는 이야기도 들었지만 어떻게 되었는지는 알지 못한다. 얼마 뒤, 작은 인터넷 언론사에서 이 사건에 대해 간단히 보도했지만 불과 몇 시간 지나지 않아 기사는 삭제되었다.

나는 가끔 그 남자에 대해 생각한다. 대한민국 최고 학부를 졸업하고 높은 연봉을 받는 전문직 엘리트, 아들과 단란하게 노는 모습으로 사보에 실렸던 모범적인 가장, 여전히 탄탄대로를 달리고 있을 그 남자를. 그리고 생각한다. 나는 그때 무엇을 할 수 있었을까. 무엇이라도 해야 하지 않았을까. 그리고 앞으로 무엇을 해야 할까.

2017년 7월, 더불어민주당 진선미 의원은 '몰카예방법(공중화장실 등에 관한 법률 일부개정법률안, 성폭력범죄의 처벌 등에 관한 특례법 일부개정법률안)'을 대표 발의했다. 지방자치단체가 공중화장실 등에 몰래카메라가 설치되었는지 여부를 주 1회 이상 점검하게 하고 몰카 상습범을 가중처벌하자는 내용의 법안이다. 물론 이 법안이 통과된다 해서 이미 시중에 풀린 그 많은 몰카들이 사라질 리도, 여성을 도촬하기 위해 수단과 방법을 가리지 않던 남자들이 카메라를 얌전히 끌 리도 없다는 사실을 나는 알고 있다. 하지만 우리는 한 걸음씩 앞으로 가고 있다. 이 걸음을 그 남자도 조금은 두려워하고 있길 바란다.

김지영 씨가
남긴 것

출판사에서 그런 메일을 받은 것은 처음이었다. 출간이 예정된 소설 한 편을 읽고 추천사를 써줄 수 있겠냐는 제안이었다. 여름휴가를 다녀온 직후라 일이 잔뜩 밀려 있었고, 메일 확인이 늦어 마감까지는 시간이 얼마 없었다. 하지만 일단 첨부된 파일을 열자, 앉은자리에서 마지막 페이지까지 그대로 쉬지 않고 읽게 되었다. 소설의 제목은 《82년생 김지영》이었다.

1982년에 태어난 여아에게 가장 많이 붙여졌다는 이름 '김지영'. 서른네 살, 대학 졸업 후 작은 홍보 대행사에 다니다 결혼, 서울 변두리 24평형 전세 아파트에 거주하며 출산과 동시에 퇴사, 바쁜 남편 대신 독박가사와 독박육아를 수행하는 지극히 '평범한' 한국의 전업주부. 그런 그가 어느 날 갑자기 친정엄마에, 또 어느 날은 아이를 낳다 죽은 대학 선배에 '빙의'하면서 이야기는 시작된다. 이 여자는 왜 그렇게 되었을까. 어떤 인생을 살아온 것일까. 그리고 그것은 1978년에 태어난 조남주 작가의, 1980년에 태어난 나의 이야기이기도 했다.

"남자애들은 원래 좋아하는 여자한테 더 못되게 굴고, 괴롭히고 그래." 짝꿍이 자꾸 아이스케키를 하고 시비를 건다고 일렀을 때, 담임선생님은 웃으며 말했다. 위로 언니가, 아래로 터울이 꽤 지는 남동생이 있던 정희는 음식이든 용돈이든 학원비든 동생 다음 차지인 게 서럽다고 말했다. 이른 아침 등교하던 현주는 승용차에 탄 채 길을 묻던 남자가 하의를 다 벗고 있는 걸 보고 깜짝 놀랐다. 수능이 끝난 기념으로 친구들과 함께 기차 여행을 가던 중에는 객차 안을 돌아다니던 남자가 통로 쪽에 앉아 있던 지선이의 가슴을 만졌다. 여고 앞길과 뒷산에 출몰하는 '바바리맨'을 본 친구들은 한둘이 아니었다. 공부를 좀 하는 친구는 모두 부모에게 여자 직업으로는 교사가 최고이니 교대에 가라는 말을 들었고, 대학에 가서 캠퍼스 커플이 되었다가 헤어진 경미는 학과 사람들에게 무수한 뒷말을 들었다. 정화는 상사에게 스타벅스 커피를 마시다니 된장녀라는 소리를 들었고, 주영은 회식 자리에서 부장과 블루스를 춰야 했다. 민경이 결혼한 지 얼마 되지 않아 시부모에게 받은 것은 임신에 도움이 된다는 보약이었고, 주원은 아이를 낳고 나니 손목이 시큰거리고 뼈가 시려 견딜 수 없다고 했다. 그리고 맞벌이를 하며 정신없이 아이들을 키우는 세영은 어디 가서 '맘충'이라는 말을 들을까 봐 겁이 나 죽겠다고 말했다.

김지영 씨는 한 번씩 다른 사람이 되었다. 살아 있는 사람이기도 했고, 죽은 사람이기도 했는데, 모두 김지영 씨 주변의 여자였다. 아무리 봐도 장난을 치거나 사람들을 속이는 것 같지는 않았다. 정말, 감쪽같이, 완벽하게, 그 사람이 되었다.[11]

모든 장을 넘길 때마다 내가, 혹은 내 주변의 여자들이 겪은 일들이 떠올랐다. 우리 세대의 부모들은 딸들에게 이제 여자도 직업을 가져야 하는 시대이니 공부를 열심히 하라고 하면서도 오빠와 남동생의 밥과 빨래를 서슴없이 맡겼다. 딸이 번듯한 대학에 들어가면 기뻐했지만 여자가 너무 잘난 척하면 남자들이 싫어한다며 기를 꺾었고, 여자는 항상 몸가짐을 조심해야 하지만 나이 먹기 전에 꼭 시집은 가야 한다고 바쁘게 내몰았다.

이제 여자니까 공부를 못하거나 덜 배워도 된다고 생각하는 부모는 없는 듯했다. 여자도 똑같이 교복 입고, 가방 메고, 학교에 다니는 것이 당연해진 지 오래고, 여자아이들도 남자아이들과 다름없이 적성을 고민하고, 직업인으로서의 미래를 계획하고, 그에 다가가기 위해 노력하고 경쟁했다. 오히려 여자라고 못 할 것이 없다는 사회적 지지와 응원의 목소리가 높아지던 시기였다. 김은영 씨가 스무 살이 되던 1999년에는 남녀차별을 금지하는 법안이 제정됐고, 김지영 씨가 스무 살이 되던 2001년에는 여성부가 출범했다. 하지만 결정적인 순간이면 '여자'라는 꼬리표가 슬그머니 튀어나와 시선을 가리고, 뻗은 손을 붙잡고, 발걸음을 돌려놓았다. 그래서 더 혼란스럽고 당황스러웠다.[12]

가정, 학교, 직장, 사회는 여성들에게 끊임없이 새로운 역할을 부여했고, 자신을 갈아 넣어 이 모든 것을 완수하는 '알파걸'과 '슈퍼우먼'에게만 박수를 보냈다. 남자와 여자에게 '똑같이' 도전할 기회를 주고 있으니 능력만 있으면 누구나 성공할 수 있다는 것이었다. 단지 여자는 당연히 결혼을 해서 아이들을 낳아야 하고, 상냥한 아내이면서 좋은 엄마이자 알뜰한 주부, 시어른에 대한 도리를 아는 며느리이기도 해야 한다는 것만 제외하면.

김지영 씨는 팀장에게 퇴사하겠다고 말할 때도 울지 않았고, 팀장이 나중에 꼭 같이 일하자고 할 때도 울지 않았다. 매일 조금씩 짐을 챙겨 나올 때도, 환송회 자리에서도, 마지막 퇴근길에도 울지 않았다.[13]

김지영 씨는 울지 않았지만, 나는 계속 눈물이 고인 채로 그의 삶을 따라갔다. 사실 《82년생 김지영》은 최규석 작가의 작품 제목처럼 '울기엔 좀 애매한' 이야기다. 누군가는 이 작품이 픽션으로서 가치가 별로 없다고 말했고, 누군가는 처음부터 끝까지 답답하기만 해서 싫다고 했다. 그럴지도 모른다. 그러나 수많은 통계와 기사, 연구서를 각주로 단 이 작품은 소설의 형식을 빌린 일종의 한국 사회 보고서이자, 완곡한 방식으로 쓰인 고발장이기도 하다. 《82년생 김지영》을 읽은 남자들 중 상당수가 "일부러 극단적인 사례만 모아 왜곡, 과장한 것 같다"며 떨떠름한 반응을 보인 것과 달리, 김지영 또래의 많은 여자들은 "김지영 정도면 비교적 운 좋게 무난하게 산 편"이라며 쓴웃음을 지은 것처럼.

"그래도 지영아, 잃는 것만 생각하지 말고 얻게 되는 걸 생각해 봐. 부모가 된다는 게 얼마나 의미 있고 감동적인 일이야. 그리고 정말 애 맡길 데가 없어서, 최악의 경우에, 네가 회사 그만두게 되더라도 너무 걱정하지 마. 내가 책임질게. 너보고 돈 벌어 오라고 안 해."

"그래서 오빠가 잃는 건 뭔데?"

"응?"

"잃는 것만 생각하지 말라며. 나는 지금의 젊음도, 건강도, 직장, 동료,

친구 같은 사회적 네트워크도, 계획도, 미래도 다 잃을지 몰라. 그래서 자꾸 잃는 걸 생각하게 돼. 근데 오빠는 뭘 잃게 돼?"

"나, 나도…… 나도 지금 같지는 않겠지. 아무래도 집에 일찍 와야 하니까 친구들도 잘 못 만날 거고. 회식이나 야근도 편하게 못할 거고. 일하고 와서 또 집안일 도우려면 피곤할 거고. 그리고 그, 너랑 우리 애랑, 가장으로서…… 그래, 부양! 부양하려면 책임감도 엄청 클 거고."[14]

'오빠', 즉 김지영 씨의 남편인 정대현 씨는 무엇을 잃었을까? 일단 김지영 씨는 직장을 잃었고 건강을 잃었고 꿈을 잃었고 '맘충'이라는 별명을 얻었다. 여성을 차별하고 억압하며 착취하는 사회에서 자신의 자리도 목소리도 잃고 만 김지영 씨는 결국 다른 여성들의 입을 빌려서야 속에 있던 말을 꺼낼 수 있게 된다. 이것은 '미치지 않고서야' 여성이 자신의 권리와, 자유와, 욕망을 말할 수 없는 현실에 대한 은유일 것이다.

2017년 4월, 페이스북 '자유주의' 페이지에는 《82년생 김지영》을 패러디했다는 '92년생 김지훈'이라는 게시물이 올라왔다. 휴가를 나와 스타벅스에서 커피를 마시던 군인이 자신에 대해 "고기방패"라고 수군대는 여성들에게 상처받아 집에 돌아가자 누나인 '김지영 씨'가 그런 여자들은 정신병자라며 동생을 위로한다. 여성들이 출생 전부터 평생에 걸쳐 겪는 차별과 폭력이 한 권의 책으로 다뤄지고 화제가 되자 등장한, 억울함 가득하되 새로울 것도 없는 여성혐오 서사에 4천 명 넘는 사람들이 '좋아요'를 누른 것을 보며 바로 이런 것들이 《82년생 김지영》의 존재 의의라는 생각이 들기도 했다. 어쨌거나 이 지독한 여성혐오 사회에서 평범한 여자의 '답답한' 인생 이야기는 출간 1년도 채 되지 않아 30만 부가 팔려나갔고, '김지영'은 한 시대를 관통하는 이름이 되었다.

추천사의 마지막에 나는 이렇게 썼다. "어차피 해피엔딩은 오지 않을 것이다. 운 좋게, 혹은 우연히 살아남은 '여아'들이었던 우리는 이렇게 말하고 기록을 남길 수밖에." 어떤 이유에서든 우리는 살아남아 살고 있으니 목소리를 내고 그것을 남기는 것 자체가 우리의 싸움이라는 의미였다. 하지만 언제부터인가 《82년생 김지영》의 뒤표지에서 이 문장을 볼 때마다 '어차피'가 마음에 걸렸다. 우리에게 해피엔딩이란 무엇일까. 여성의 삶에 대해 결코 낙관할 수 없는 세상에 살고 있다 해도, 나 스스로 미래에 대한 기대를 내려놓는 순간 희망은 한풀 꺾이는 게 아닐까. 그래서 나 혼자 고쳐 되뇌곤 한다. 어쩌면 해피엔딩은 오지 않을 것이다. 그러나 살아남은 우리는 지금 이 순간에도 이렇게 말하고 기록을 남긴다고 우리의 이야기는 계속될 거라고.

성폭력 피해자를 위한
아주 최소한의 가이드

나는 조금이라도 도움이 되고 싶었다. 친구들이 상사의 성추행으로 힘들어할 때, 온라인 여성 커뮤니티의 익명 게시판에서 고민을 상담하는 성폭력 피해자의 글을 볼 때마다 어떻게 대처하면 좋을지 알려주고 싶었다. 어디에 먼저 찾아가야 할까? 무엇을 준비해야 할까? 비용과 시간은 얼마나 들까? 정말, 그렇게 해도 괜찮을까?

꼬리를 잇는 질문들을 떠올리다 막막해져 멈추기를 반복했지만 2016년, '#OOO_내_성폭력'이라는 트위터 해시태그와 함께 여성들이 문화·예술계에서 벌어져 온 성폭력 문제를 폭로했을 때는 좀 더 알아야겠다고 생각했다. 한국성폭력상담소를 찾아가 자문을 구했고, "성폭력 사건은 100개면 100개의 다른 사건이다. 어느 하나도 전형적인 것은 없다"는 조언을 바탕으로 법적 대응에서 상담 치료까지 일단 알고 있으면 유용할 최소한의, 기본적인 정보들을 정리했다. 그런데 지나고 보니 누구보다 큰 도움을 받은 이는 바로 나였다.

어디서부터 시작해야 할까?

긴급한 상황에서 구조나 보호가 필요하다면 국번 없이 여성긴급전화 1366(24시간 상담)으로 연락할 수 있다. 사건 이후 혼자 고민하고 있다면 한국성폭력상담소, 한국여성민우회 성폭력상담소(이하 민우회), 한국여성의전화 성폭력상담소(이하 한국여성의전화)를 비롯해 전국에 160개 이상의 성폭력상담소가 있으니 일단 전화를 걸어보자. 육하원칙에 따라 사실관계를 간단히 메모해 두면 상황을 설명하기가 다소 수월해진다. 상담 과정에서 자신에게 어떤 일이 일어났는지, 무엇을 필요로 하는지 확인하고, 그에 따라 면접 상담을 결정하거나 법률 및 의료 지원에 대한 도움을 받으면서 상담자와 함께 사건 해결 지도를 그려나갈 수 있다. 한국성폭력상담소에서 발간한 《보통의 경험》은 '성폭력 피해자를 위한 DIY 가이드'로, 성폭력 유형별 대응책, 다양한 해결 방식과 절차, 피해자 지원 기관 연락처 리스트 등 필요한 정보들이 꼼꼼히 담겨 있다.

법적 대응은 어떻게 시작할까?

형사소송과 민사소송 중 어느 쪽(혹은 둘 다)을 진행할지 판단해 본다. 법률적 조언을 받았는데 기소 가능성이 낮은 사건의 경우, 일단 손해배상을 받는 것이 절실한 상황이라면 민사소송만 바로 시작할 수도 있다. 형사소송의 경우 1심에서는 변호사가 굳이 필요하지 않은 경우도 있지만, 민사소송이나 2심 이상 재판이 계속 진행되는 경우에는 변호사를 선임하는 것이 좋다. 민사소송에서는 성폭력 피해로 직장을 잃었거나, 학교를 그만두거나, 가정불화가 생긴 문제 등에 대한 금전적 손해배상 청구가 가능하다. 또한 사법적 해결을 준비한다면 무고나 명예훼손 등 역고소 가능성도 검토해 둘 필요가 있다.

피해자는 무엇을 기록할 수 있을까?

다수의 성폭력 사건이 단둘이 있을 때 발생한다. 피해자가 충격으로 인해 증거를 채취하기 전 몸을 씻거나, 문자메시지 및 메일 내역을 지워버려서 증거가 사라지는 경우도 있다. 그러나 전문가들은 피해 당사자의 일관된 진술이 중요하므로 지레 포기할 필요는 없다고 말한다. 사건을 시간순으로 기록한 일지, 상해 진단서, 사진, 대화 내용 녹음 파일과 녹취록, 문자메시지 및 메신저 대화 내역 등을 확보하자. 가해자의 평소 행동에 대해 증언하거나 진술서를 써줄 수 있는 주변인이 있다면 많은 도움이 된다. 또한 해당 가해자로 인해 복수의 피해자가 발생하지 않았는지 확인해 보고, 있다면 연락을 취해 공동 대응하는 것이 좋다. 비슷한 시기, 비슷한 수법으로 가해가 이루어진 경우 진술의 신빙성도 높아지고 가해자를 강하게 압박할 수 있다.

돈이 없어도 법률 서비스를 받을 수 있을까?

변호사 상담 비용은 30분에 5만 원에서 20만 원 이상까지 천차만별이다. 어디로 찾아갈지 검색해 찾을 수도 있지만, 한 변호사는 포털 사이트 등에서 적극적으로 광고를 하는 '성폭력 전문 변호사'는 가해자 변호 전문인 경우가 대부분이라고 귀띔했다. 그는 "성폭력은 전문성이 높은 분야이므로 성폭력상담소를 중심으로 연계된 변호사들을 추천한다"고 말했다. 모든 성폭력·아동학대 범죄 피해자는 경찰서·검찰청 피해자 지원실이나 상담소 등을 통해 피해자 국선변호사 지원을 요청할 수 있으니 제도를 적극 활용하자. 한국성폭력상담소, 한국여성의전화 등에서는 전화 상담으로 사전 예약을 받아 매주 정해진 요일에 오프라인 무료 법률 상담을 진행한다. 성폭력상담소 자문이나 지원을 맡고 있는 변호사 그룹에서 상담하며, 피해자가 변호사 선임을 원하는 경우 상담소를 통해 소개받을 수도 있다. 직장 내 성폭력의 경우 한국여성노동자회나 여성노동법률 지원센터에서 무료로 법률 상담을 받을 수 있다. 기준 중위소득 125퍼센트 이하인 가정폭력·성폭력 피해자는 대한법률구조공단, 대한변협법률구조재단에 무료 법률구조를 신청할 수 있다.

민형사상 소송 외의 방법도 있을까?

모든 공공기관과 학교는 여성가족부 고시에 따라 성희롱 상담 및 고충 처리를 위한 전담 창구를 반드시 설치·운영해야 한다. 즉 조직 내 양성평등센터, 성폭력상담센터, 고충 처리 기관 등에 피해 사실을 신고할 수 있지만, 강제력이 없는 고시다 보니 전담 창구를 두지 않은 기관도 많다. 학회나 시민단체, 동호회 등 다양한 형태의 조직 안에서 발생한 사건이거나 가해자가 해당 조직의 구성원인 경우 내규를 확인하는 방법도 있다. 한국시인협회는 문단 내 성폭력 가해자로 지목된 회원들의 혐의가 사실로 확인될 경우 정관에 따라 자격정지와 제명 등의 조치를 취하겠다는 입장을 밝혔다. 꼭 성폭력에 대해 명시하지 않았더라도 '단체의 명예를 훼손하거나 품위를 손상시킨' 경우에 대한 징계 조항이 있다면 제소할 수 있다. 피해 사실관계와 요구 사항, 답변을 원하는 기한 등을 적어 내용증명으로 발송하면 좀 더 공식적인 자료가 된다.

상담이 계속 필요하다면 어떻게 해야 할까?

한 전문가는 "가능하면 사건 발생 한 달 이내에 어떤 식으로든 상담을 받는 것이 좋다"고 말한다. 우선 성폭력상담소에서 진행하는 전화와 면접 상담을 받아보고, 심리 상담이나 정신건강의학과 상담이 계속 필요한 경우에는 성폭력상담소에 연계 단체나 병원 리스트가 있는지 문의하자. 심리 상담의 경우 비용은 프로그램과 상담 방식에 따라 시간당 6만~7만 원대에서 20만 원이 넘는 곳까지 다양한데, 중요한 것은 성폭력 및 피해자에 대한 이해가 충분한 곳을 찾는 것이다. 비용이 걱정된다면 의료 지원을 알아보자. 성폭력 피해자는 국가에서 산부인과·외과·정신과적 치료비, 심리 상담 및 진단서 발급비를 지원받을 수 있으며, 해당 지역 성폭력상담소 또는 시청·구청에 신청할 수 있다. 이미 지출한 의료비 역시 추후 서류를 갖추어 신청하면 돌려받을 수 있다. 경찰서·검찰청과 연계해 진행하는 피해자 무료 상담 프로그램도 있으니 자신의 사건을 담당하는 수사기관에 문의해 보는 것도 좋다.

정신과 상담은 어떻게 시작될까?

초진에서는 대개 우울검사, 불안검사 등 기본적인 검사를 진행하는데, 각 검사마다 비용이 발생하기 때문에 그에 따라

2만~6만 원 선의 진료비가 든다. 그 이후로는 추가 검사가 필요하지 않다면 건강보험이 적용될 경우 2만 원 안팎의 비용을 예상할 수 있다. 환자가 비보험을 원하는 경우에는 2.5~3배 정도의 비용이 발생한다. 초반 진료로 진단을 하게 되면 의사는 환자와 함께 약물 치료나 상담 치료 혹은 두 가지의 병행이나 정밀심리검사 등 여러 방식으로 치료 계획을 세운다. 초반 2~4주가량의 진료는 대개 위기 중재(crisis intervention)부터 이루어진다. 피해자가 충분히 말할 수 있도록 공감하고 지지해 주고 안심시켜 주며, 우울증이나 불안증을 치료하기 위한 약물을 처방하기도 하고, 식사나 수면 등의 생활 습관을 돕기도 한다. 대개 1주일에 한 번 병원을 방문하고, 짧으면 15분에서 길면 45분가량 진료를 진행하는 방식으로 시간에 따라 상담료가 다르게 책정되어 있지만 편차가 그리 큰 편은 아니다.

정신과 방문 기록이 알려져 불이익을 당하지 않을까?

정신건강의학과 진료 기록은 두 군데 남는다. 첫째, 병원 차트의 경우 병원을 옮기는 등의 이유로 본인이 원하면 복사해 갈 수 있는데, 이는 본인만 할 수 있다. 둘째, 건강보험공단 보험료 지급 내역이다. 그러나 이 또한 당사자가 아닌 사람의 조회나 열람은 불법이므로, 정신과 상담 기록이 사 측에 알려져 취업 등에 불이익을 끼친다는 것은 일종의 도시 전설이라고 한다. 좁은 지역이거나 기타 이유로 정신과 처방전을 가지고 약국에 가는 상황 자체가 부담스럽다면 원내 처방이 가능한 병원을 찾아가면 된다. 정신건강의학과는 의약분업 예외 구간이기 때문에 병원 내에 약제실이 있어 바로 약을 받아 갈 수 있는 곳이 약 70퍼센트 이상이다.

오래 지난 일인데 혼자 묻는 게 낫지 않을까?

어린 시절 혹은 오래전에 겪은 성폭력의 경우 가해자 신원조차 알 수 없거나 이미 연락이 끊긴 경우도 많아 어떤 처벌도 할 수 없고, 시간이 지난 일을 다시 언급하는 게 무의미하다고 느끼기도 한다. 특히 한국에서 많은 성폭력 피해자들은 여러 사회적 여건 탓에 자신의 감정을 억압하는 길을 택하는데, 상처를 억누르는 데 에너지를 다 쏟으면서 점점 무기력해지기도 한다. 전문가들은 그렇기 때문에 오래 지난 일일수록 의사나 상담사 등과 함께 자신의 기억, 감정과 마주하고 토로하며 스스로를 치유해 나가는 과정이 필요하다고 말한다. 피해자 자조 모임을 찾아가는 방법도 있다. 한국성폭력상담소는 1년에 한 번 '큰 말하기 대회'를, 3~11월 마지막 주 수요일 '작은 말하기 모임'을 주최한다. 홈페이지에서 신청서를 다운받아 작성해 미리 신청할 수 있고, 안전한 장소에 모여 각자의 경험과 서로에게 힘이 되는 이야기를 나눌 수 있다. 또한 2013년 6월 19일부로 성폭력 범죄에 대한 친고죄는 폐지되었으며, 2010년 기준 미성년자 대상 성폭력은 피해자가 성년이 된 날부터 공소시효를 다시 계산하게 되었으니 관련 법 조항을 참고해 법적 대응을 준비할 수도 있다.

피해자 주변인들은 무엇을 해야 할까?

심리적 지원은 물론 피해자들이 직장을 그만두거나 수입이 끊겨 생계가 어려워진 경우 다른 일을 소개해 주거나 금전적 지원을 해주는 것도 중요하다. 정신건강의학과나 심리 상담센터 예약을 도와주거나 직접 데리고 가는 것도 좋다. 일반적인 우울증 환자들이 병원을 찾기까지 큰 결심이 필요하듯, 심리적으로 위축되고 지쳐 있는 피해자의 경우 "가야지"라고 말은 하지만 막상 혼자서는 발을 떼지 못하는 경우가 적지 않다. 피해자의 동의를 받아 대신 전화 예약을 하고, 동행해서 진료를 받게 한 뒤 "잘 왔다"고 격려해 주는 등 불안감을 나누고 심리적 진입 장벽을 낮추도록 돕다 보면 피해자 스스로 치료 사이클에 안착할 수 있다. 또한 보호자 상담을 받아 피해자의 상태를 더 잘 파악하고, 어떻게 돌봐줄 수 있을지 조언을 듣는 것도 도움이 된다.

누구나 할 수 있는 일은 무엇일까?

민우회 성폭력상담소에서는 성폭력 사건 피해자를 지지하는 시민 활동인 '첫사람' 프로젝트를 진행하고 있다. 재판 동행, 재판 모니터링 등을 통해 성폭력 피해자를 돕고 정책적인 변화까지 이끌어내도록 노력하는 모임이다. 한국성폭력상담소의 다양한 자원 활동(아카이브 구축, 해외 자료 검색 및 수집, 쉼터 생활인에 대한 학습 지원)에 참여하는 방법도 있다. 또 자신이 사는 지역의 성폭력상담소를 정기 후원하면 지속적으로 힘을 보탤 수 있다. 2016년 10월 경남 지역에서는 가정폭력·성폭력상담소를 운영하던 50대 소장이 인건비 지급 문제로 인한 스트레스와 과로 때문에 뇌출혈로 사망한 사건도 있었다. 유권자로서 성폭력 예방 정책 및 관련법 제정 등에서 의미 있는 행보를 보이는 정치인을 적극적으로 지지하고 후원하는 것도 방법이다. 무엇보다 자신이 속한 조직, 공동체의 성폭력에 대해 인식하고, 가해가 지속되지 않는 방안을 찾는 것이 시작이 될 수 있다.

자문
한국성폭력상담소 부설연구소 '울림' 김보화 책임연구원
마인드맨션의원 안주연 원장

참고 도서
한국성폭력상담소, 《보통의 경험》(이매진, 2011)
하혜숙, 《성희롱·성폭력 상담자 가이드》(학지사, 2009)

'갱년기 농담'을
던지기 전에

2016년 여름, 영화 〈굿바이 싱글〉의 언론 시사회에 참석했다. 주인공인 40대 비혼 여성이자 인기 배우 고주연(김혜수 분)은 애인의 외도에 상처받은 뒤 혼자 아이를 갖기로 한다. "진짜 내 편, 절대 내 옆에서 떠나지 않고 나를 사랑해 줄 사람"을 갖기 위해 엄마가 되겠다니, 부모 자식이라는 관계에 이렇게까지 아무 생각이 없는 인물에게 공감하기는 어려웠지만 일단 그렇다 쳤다. 입양 심사에서 떨어지자 인공수정으로라도 아이를 낳으려던 주연은 친분이 있는 산부인과 의사를 찾아가는데, 난감해하며 지난 생리가 언제였냐고 묻던 의사는 혹시 임신인가 싶어 "낳겠다"는 주연에게 짐짓 침통한 얼굴로 선고한다.

"그게 아니라, 폐경이에요."

그 순간, 극장 안의 기자들이 와르르 웃음을 터뜨렸다. 아마도 코미디를 노린 연출이었을 테고, 그게 맞아떨어진 것이었겠지만 나는 웃을 수 없었다. 폐경이 웃긴가? 임신을 간절히 원했던 여자가 너는 이제 아이를 낳을 수 없다고 통보받는 게, 정말 웃겨?

마침 그즈음 MBC 〈황금어장〉 '라디오스타'에서 김구라는 같은 방송사 〈복면가왕〉에 출연했던 하현우의 칭찬에 감동받아 눈물을 흘린 신봉선에게 "신봉선 씨가 약간 갱년기 비슷하게 좀……"이라는 농담을 던졌다. 역시 재밌지 않았다.

"갱년기 증상이 나타나실 겁니다."

……뭐라고요? 서른다섯 살에 자궁내막증 수술을 받고 해롱대고 있는 내게 의사가 말했다. 내막이 다시 자라나는 것을 막기 위해 6개월 동안 여성호르몬 억제 주사를 맞아야 하는데, 그 기간 동안 생리가 중단되고 몇 가지 증세를 겪게 될 거라고.

"어머님 고생하시는 거, 옆에서 보셨죠?"

그러고 보니 엄마가 몇 년 전 한겨울에도 덥다고 자꾸 짜증을 내셨던 것 같긴 한데, 그깟 조금 더운 것쯤이야 참으면 되겠지.

……라고 하찮게 여겼던 나를 몹시 쥐어박고 싶어지는 데는 그리 오래 걸리지 않았다. 에스트로겐 감소와 호르몬 불균형으로 나타나는 갱년기 증상은 한두 가지가 아니었다. 두통, 우울,

불안감, 기억력 감퇴는 물론 시시때때로 사람을 미치게 만드는 건 안면홍조와 발한이다. 체내 온도 조절 장치가 망가진 것처럼 기분 나쁜 열기가 예고 없이 얼굴에서부터 전신으로 스멀스멀 퍼져나가는 동시에 삶의 모든 의욕이 사라지기 때문이다. 〈아이언맨 3〉의 귀네스 팰트로가 체내에 엄청난 열을 지닌 인간 병기 익스트리미스로 변했을 때의 고통이 이런 것일까. 심지어 나에게는 슈퍼 파워도 주어지지 않았으니 출근도 하고 마감도 하고 지하철과 버스도 타야 한다. 아침에 기껏 화장을 마치고 나면 얼굴이 확 달아오르면서 파운데이션이 줄줄 녹아내리고, 온몸이 땀투성이가 되어 정신없이 겉옷을 벗어던지고 나면 찬 공기가 땀을 식히면서 근육이 잔뜩 움츠러들 만큼 오한이 든다. 그럼 다시 옷을 입고 뜨거운 물을 마셔 급하게 체온을 올린다. 그리고 조금 지나면 다시 더위가……

불면증은 필연적이다. 덥거나, 춥거나, 더운 동시에 추워서 깨기도 하고, 자고 일어나면 더 피곤하다. 평생 잠이 안 와서 고생한 적이 없는데, 온몸이 식은땀으로 젖은 채 갑자기 잠에서 깨어 차가운 벽에 자벌레처럼 팔다리를 철썩 붙이고 열이 식기만 기다리고 있으면 사는 게 정말 끔찍하게 느껴진다. 수잔 스왈츠는 갱년기 여성들의 삶에 대해 쓴 《나는 주름살 수술 대신 터키로 여행간다》에서 "이불 두 채를 덮고 그 위에 커다란 개

한 마리를 올려놓은 채 자고 일어난 것과 같다"[15]고 묘사했다. 하지만 아무리 말해 봐야 겪어보지 않은 사람은 모른다. 순간안면홍조의 괴로움에 대해 "산통과는 달리 땀에 젖은 블라우스와 벌겋게 달아오른 얼굴 이외에는 그 고통을 증명할 대단한 결과가 없다"[16]고 한 수잔 스왈츠의 말처럼, 암세포나 세균처럼 처단할 대상도 없고 소중한 생명을 생산하지도 못하며 상처가 눈에 보이지도 않는 고통은 인정받기 어렵다. 갱년기의 우울은 대개 호르몬의 영향이라지만, 몸이 이렇게 힘들어서야 매사에 우울하고 짜증이 나는 건 당연하지 않나.

그런데 이처럼 일시적 갱년기를 겪으면서 깨닫게 된 것은, 그전까지 내가 여성의 갱년기에 대해 얼마나 무지했는지다. 갱년기가 좀 더 넓은 의미로 폐경 이행기와 폐경, 폐경 이후의 시기를 모두 아우른다는 사실을 알게 된 것도 그것이 나에게 닥친 이후였다. 학교에서 받았던 엉성한 성교육에서 떠오르는 건 여성의 '몸가짐'과 피임의 중요성 정도지만, 지금 생각해 보면 아이러니하게도, 그 수업 중 종종 벌게진 얼굴로 손 부채질을 하며 버럭 짜증을 내시던 교련 선생님이야말로 당시 갱년기 증상으로 힘들어하고 계셨던 것 같다.

폐경은 단지 생리가 멈추는 것으로 끝이 아니라, 임신이나 출산과 마찬가지로 극심한 호르몬 변화와 육체적 고통, 정신적 스트레스가 따르는 결코 짧지 않은 시기의 시작이다. 한국 여성의 폐경은 평균적으로 50세를 전후해 일어나지만, 40세 이전 조기 폐경을 겪는 여성들이 늘어나고 있고, 자궁내막증 치료 등으로 20~30대에 일시적 폐경을 경험하는 여성들도 드물지 않다(참고로 자궁내막증은 허리가 끊어질 것처럼 심한 생리통의 주된 원인 중 하나라고 하니, 걱정된다면 얼른 산부인과를 찾아 진단받도록 하자). 내가 자궁내막증 수술을 받은 직후 주위에서 두 명의 친구가 같은 진단을 받았는데, 호르몬 억제 치료를 받은 한 친구는 안면홍조에 더해 아침에 일어나면 관절이 저리고 뻣뻣해진다고 말했다. 관절통 역시 질 건조증, 성욕 감퇴 등과 함께 갱년기의 주요 증상 중 하나다. 폐경 이후에는 골다공증이나 심혈관계 질환이 늘어나기 때문에 식생활과 휴식, 운동에 더 주의를 기울여야 한다.

그러나 오로지 생물학적 여성만이, 그리고 대부분은 일정 연령을 지나서야 맞닥뜨리게 되는 문제는 공적 영역에서 제대로 인지되지 않고, 당사자가 아닌 이들은 이를 쉽게 웃음거리로 삼는다. 여성 개개인이 감내하는 고통과 불편에는 무관심한 대신 여성의 감정 기복 심화나 생산 능력 상실, 성적 매력 감소 등 '폐경'과 '갱년기'를 둘러싼 부정적 이미지만을 우스꽝스럽게 그려내는 대중문화 콘텐츠들은 무지를 넘어 사회적 갈등을 심화한다. 대개의 가족 구성원들은 '은퇴' 없는 가사 노동을 맡아 하는 여성들에게 무관심할 뿐 아니라, 특히 남성 배우자들은 아내를 향해 병에 걸린 것도 아닌데 유난이라며 도리어 힐난하기도 한다. 성인이 된 자녀인 데다 여성인 나조차 엄마가 새벽마다 잠에서 깨어 피로를 호소하시고, 땀을 뻘뻘 흘리며 가스레인지 앞에서 요리하실 때 무심히 지나쳤던 기억을 떠올리면 한없이 후회될 뿐이다.

"폐경에 대해서는 반드시 공부를 해야 한다"고 주장하는 뉴욕의 폐경 전문의 메리 젠킨스는 자신에게 폐경기가 오기 전 미리 대비해 두기 위해 정보를 찾던 중 턱없이 부족한 자료와 남자들이 쓴 진부한 책들에 좌절하고 나서 《폐경기 증후군 이겨내는 법》을 집필했다. 또한 당사자 홀로 헤쳐나가기에는 버거운 문제기에, 그는 폐경을 맞아 힘들어하는 여성의 배우자들에게 "아이가 신생아 때 밤잠을 설쳤던 날들과 똑같은 인내심을 발휘하도록 노력하고, 격려해 줄 수 있도록 많이 공부하라"고 조언한다.[17]

폐경과 갱년기에 대한 농담 중 내가 가장 좋아하는 것은 영화 〈날 미치게 하는 남자〉(Fever Pitch, 2005)에 나오는 장면이다.

주인공 드루 배리모어는 오랜만에 집에 돌아가 마치 '양귀비 1호'로 염색한 것처럼 새카맣게 머리카락을 물들인 아버지를 보고 다 큰 딸들이 흔히 그러듯 어머니에게 아버지가 주책없지 않냐며 흉을 본다. 하지만 어머니는 느긋한 얼굴로 답한다.

"네 아빠는 나한테 갱년기가 왔을 때 4년 동안 잡지로 부채질을 해줬단다."

두 사람의 관계와 애정의 깊이를 실로 위트 있게 담아낸 한마디다.

물론 연인이나 배우자가 아니더라도, 세상의 절반에 달하는 이들이 겪거나 겪게 될 어려움에 대해서는 모든 사람들이 어느 정도 알아둘 필요가 있다. 어디가 '아픈' 것은 아니고 겉으로는 멀쩡해 보이는 수백만 명의 여성들이 몸과 마음 모두 괜찮지 않은 시기를 수년에 걸쳐 견뎌내며 살아가고 있다는 사실은 종종 나를 서글프게도 하고 겸허하게도 만든다.

지긋지긋했던 갱년기를 겨우 통과한 뒤의 어느 날, 극장 옆자리에 중년 여성이 앉았다. 그는 영화 상영 시간 동안 수차례 웃옷을 벗었다 입었다 하며 부스럭거리고 손 부채질을 해댔지만, 전과 달리 조금도 짜증스럽지 않았다. 그 여성 또한 남들이 알지 못하는 곳에서 혼자 얼마나 힘겨운 사투를 벌여왔을지 알게 되었기 때문에.

엄마의 모든 시간,
양육이라는 노동

포털 사이트 다음에서 연재 중인 〈나는 엄마다〉(순두부 작)라는 웹툰을 무척 재미있게 보고 있다. 하지만 여섯 살, 일곱 살 난 두 아들을 키우는 엄마인 작가의 일상을 담은 이 작품을 단지 '재미있다'는 한마디로 소개하는 건 너무 부족한 표현처럼 느껴진다.

〈나는 엄마다〉는 매일 반복되는 육아와 가사 노동의 무게, 아이들에 대한 사랑과 개인으로서의 자아가 부딪힐 때 느끼는 피로감을 신랄한 유머와 솔직함으로 그려낸 이야기다. 아이들이 눈뜨는 아침부터 잠드는 밤까지, 작가는 쉴 새 없이 아이들을 먹이고 입히고 안아주고 놀아주며 보낸다. 빨래와 설거지와 청소를 하는 틈틈이 요리를 하고 간식을 챙기고 질문에 대답하고 아이의 기분을 살핀다. 아이가 유치원에 다닐 때는 수많은 과제와 행사, 학부모 모임을 챙겼고, 홈스쿨링을 시작하자 자신의 육아 방식에 대해 매일 고민하고 후회했으며, 1년 뒤 또다시 유치원 입학 추첨 전쟁을 치른다. 육아는 중노동이다. 셀 수 없이 다양한 업무가 포함되어 있고 끝도 보이지 않는.

그러나 아이들에 대한 사랑과 '엄마됨'의 행복을 이야기하는 한편 종종 육아 슬럼프를 겪으며 '힘들다'고 토로하는 작가에게, "이 작가는 아이들을 싫어하는 거 같다. 그렇지 않고서 불만이 계속 나올 수 없다"는 댓글을 단 독자도 있었다. 이에 대해 작가는 말했다.

"결론을 말씀드리면 아이들을 좋아합니다. 아니 사랑합니다. 그런데 왜 이렇게 끊임없이 육아에 대한 불만을 토로하느냐. 그건…… 힘들어서입니다. 제가 유독 그런 건진 모르겠지만 육아는 정말 힘들어요. 분명 정서적으로는 행복하지만 육체적으로 너무 힘들고 가끔은 정신적으로도 피로할 때가 있거든요."

아이를 낳지 않은 내게도 '힘들다'는 고백이 절절히 와닿았다. 그리고 육아가 유독 그에게만 힘든 일은 아닐 것 같았다. 나는 몇 사람의 여성에게 '엄마의 일'에 대해 물었고, 그들은 참았던 것을 토해 내듯 이야기를 시작했다.

여섯 살 아들을 키우는 회사원 신수정 씨는 "한글은 언제 가르칠까, 영어 유치원에 보내야 할까, 수영을 가르칠까, 태권도를 가르칠까 등 아이에게 그 시기에 필요한 걸 알아보고 선택하는 것 자체가 일이에요"라고 말했다. 어린이집에 보내는 것을 시작으로 엄마는 아이의 친구 관계와 성격 형성에 대한 감정 관리자인 동시에 놀이 파트너로서도 아이의 욕구를 충족해줘야 한다. 두 살, 다섯 살 딸들의 엄마인 교사 강승현 씨는 동네 놀이터 아이들도 '선생님'이라 부르며 따를 만큼 인기 있는 양육자이지만 그에게도 고충은 있다.

"저는 인형놀이가 너무너무 싫지만 바비와 켄이 여는 과자 파티에서 플레이도우로 만든 쿠키가 얼마나 맛있는지 묘사해줘야 해요. 인형 머리카락을 묶어달라고 해서 포니테일로 해줬더니 '이거 말고 엘사 머리로 해줘' 그러더라고요. 원래 그런 건 할 줄 모르는데……."

또한 아이가 태어난 이후 많은 여성은 시부모와 아이 사이의 다리 역할을 '자연스럽게' 도맡는다. 메신저로 아이 사진을 보내며 근황을 전하는 것은 아들이 아니라 '애엄마'인 며느리의 당연한 도리로 여겨지기에, 그들이 시부모와의 관계에서 겪는 정신적 스트레스는 무시된다. 강 씨는 "가사, 육아, 부부, 시가가 연속되어 있는 게 결혼 이후의 삶인데, 그 안에는 결혼 전에 있던 '나'라는 존재만 쏙 빠져 있어요"라고 말했다.

　보이지 않고 끝나지 않는 양육의 영역에서 한층 더 사각에 놓인 것은 직장에 나가지 않는, 이른바 '전업맘'의 노동이다. 대부분 '워킹맘'에 주목하는 미디어들은 비록 한화그룹 광고 '나는 불꽃이다: 직장맘' 편처럼 그 극한의 노동강도를 열정으로 극복하면 된다는 듯 헛다리를 짚기도 하고, 별다른 대책 없이 고충을 전시하는 데 그치기도 하지만, 어린이집 이용 시간제한 같은 쟁점에서 '워킹맘'의 반대 항에 놓이는 '전업맘'의 노동은 그보다도 더 축소된다. 재택근무 등 경제활동 여부를 떠나 '집에 있는 여자'의 노동은 평가절하되는데, '애유엄브(애는 유치원 보내고 엄마끼리 브런치)'라는 신조어는 직장에 출근하지 않는 여성들의 '한가로움'을 상징하는 말처럼 쓰이고, 평일 낮 백화점에 유모차를 끌고 가는 여성들은 괜한 비난의 대상이 된다. 그러나 그 순간마저 이들이 엄마로서의 노동을 수행하고 있다는 사실은 지워진다. 아이와의 외출은 단지 '놀러' 가는 게 아니라 아이를 놀게 해주기 위한 돌봄 노동의 일환이고, 엄마들의 모임은 친목 이전에 육아라는 공동 목표 아래 형성된다.

　프리랜서로 번역 일을 하며 다섯 살 아들을 키우는 윤성은 씨는 직장에 다니는 것도 아니면서 아이를 남의 손에 맡기는 건 나쁜 엄마일 거라고 스스로 굴레를 씌우며 살다가, 아이를 어린이집에 보내고 나서야 겨우 일상에 숨통이 트였다. 하지만 윤 씨는 '또래 친구'가 생기면서 아이의 사회생활이 시작되자 새로운 감정 노동을 하게 됐다고 말한다. 동네 '놀이터 커뮤니티'를 중심으로 한 엄마들의 관계는 개인의 선호와 무관하게 양육자로서의 책임감에 의해 유지된다. 마음이 맞지 않거나 무례한 사람이 있어도 멀리할 수 없을 뿐 아니라, 간식이나 장난감을 공유하고 집에 초대해야만 한다. 윤 씨는 "이런 관계들에 심한 피로감을 느끼면서도, 육아 공동체에서 내가 송곳처럼 튀어나오면 혹여 아이가 친구 사귈 기회를 놓치게 될까 봐 두려워요"라고 털어놓았다.

아이가 학교에 들어간 뒤에도 아이를 둘러싼 '관계'는 엄마의 숙제다.

"초등학교 저학년까지는 엄마 친구가 애들 친구라고들 하더라고요."

초등학교 1학년 딸과 세 살짜리 아들을 둔 박영경 씨는 이렇게 말한다. 자영업자인 그는 바쁜 엄마 때문에 아이가 친구들의 생일 파티에 초대받지 못하는 것 같아 늘 마음이 쓰인다. 박 씨의 딸이 속한 학급의 학부모 '단톡방'에서는 엄마들만 모여 학교 행사 등을 논의한다. 평일 저녁 늦게까지 일하는 그는 주말

마다 둘째를 맡겨놓은 지방 시가에 다녀온다. 박 씨는 "애는 하나만 낳고 싶었는데 나만 빼고 모든 사람이 큰애한테 동생이 필요하다고 난리였어요. 버티고 버티다 '그래, 그냥 내가 낳아주마' 해버렸죠"라며 쓴웃음을 지었다.

이처럼 아이를 위해 무엇이든 해야 하는 엄마의 책임은 종종 여성의 신체적 자기결정권보다 앞서기도 한다. 이스라엘의 사회학자 오나 도나스는 출산과 양육에 대한 부정적인 감정을 고백한 여성들의 이야기를 담은 책《엄마됨을 후회함》에서 말한다. "엄마들을 주체로 생각하는 것은 수십 년째 엄마로서의 삶을 역할로 간주해 온 사회에서는 당연한 일이 아니다. 특히 아이들과 관련해 엄마들은 객체가 된다. 타인의 인생을 위해 봉사하는 의존변수인 것이다."[18]

엄마가 전력을 다해 아이를 양육하고 보호하는 것은 당연한 의무로 여겨지되, 엄마인 여성이 보호받기 어렵고 오히려 엄마이기 때문에 쉬운 공격 대상이 되는 한국 사회에서 엄마들의 스트레스와 노동강도는 한층 더 높아진다. 2016년 8월, 횡단보도 앞에서 담배를 피우던 50대 남성이 자신에게 "여기는 금연 구역이고 아기도 있는데 다른 데 가서 피우면 안 되겠냐"고 말한 아기 엄마의 뺨을 때린 사건이 발생했다.[19] 두 달 뒤, 웹툰

〈어쿠스틱 라이프〉(난다 작)에도 어린 딸을 데리고 지하철을 탔다가 술 취한 중년 남성이 아이를 괜히 꾸짖고 무례하게 행동하는데도 참을 수밖에 없었던 작가의 경험이 등장했다. 작가는 "대응하지 않은 건 결과적으로는 잘한 일이었지만 대응하지 않은 게 아니라 대응하지 '못'한 것이라는 사실이 나를 괴롭혔다"고 토로했다.

윤성은 씨 역시 아이와 길을 걷다가 갑자기 자신에게 반말로 시비를 거는 남성을 만났지만 조용히 자리를 피할 수밖에 없었다. 임신부임이 드러나는 시기부터 공공장소에서 유독 자주 무시와 괴롭힘을 당했다는 그는 "나라는 사람은 변한 게 없는데 아이를 가졌다는 이유로 불특정 다수에게 만만한 대상이 되었다는 사실이 큰 스트레스고, 독립적인 성인에서 재생산의 도구로 전락한 기분이었어요"라고 말했다.

남편, 즉 남성인 보호자와 함께 있을 때 이런 일이 일어나는 경우는 드물다. 하지만 많은 여성이 육체적으로도 정신적으로도 '독박육아'를 수행하는 현실에서 집 밖으로 나온 엄마와 유아에게 적대적인 분위기는 여성들에게 과도한 자기 검열마저 요구한다. 2016년 11월 1일 〈한겨레〉에는 "아이 엄마를 '맘충'이라 부르는 사회"라는 제목의 기사가 실렸다. 여성혐오 프레임이 모성에까지 확장되었다는 비판과 육아에서 아빠의 부재를 지적한 이 기사에, 포털 사이트 다음에서 가장 많은 추천을 받은 댓글은 "애들이 공공장소에서 폐 끼쳐서 나온 용어를 맞벌이, 독박육아로 연결시키다니 참신한 발상이다"와 "선동질 하지 마라"였다. 그러나 강승현 씨는 씁쓸하게 말했다. "아이가 크게 잘못한 게 없을 때도, 다른 사람이 싫은 소리 하는데 가만히 있으면 혹시 내가 '맘충'처럼 보일까 봐 괜히 더 엄하게 다그치게 돼요."

분명 존재하지만 좀처럼 드러나지 않는 수많은 감정 노동은 엄마의 일상을 속속들이 지배한다. 아이에 대한 애정과 육아로 인한 피로는 모순이 아니다. 아이를 사랑하기 때문에 어떤 노동의 강도는 더 높아지기도 한다. 양육은 단지 아이의 의식주를 책임지는 데서 끝나는 문제가 아니라 한 인간이 전담하는 것이 불가능할 만큼 고되고 복잡한 노동이다. 육아를 '선택적'으로 할 수 있는 아빠들과 달리 육아를 도맡다시피 하는 많은 여성은 다른 여성들에게 출산을 쉽게 권장하지 않고, "아이를 낳지 않는다는 선택지가 있다는 걸 미처 몰랐다"며 후회하기도 한다.

2017년 3월 금융연구원이 내놓은 보고서에 따르면, 이 추세대로는 2060년 출생아 수가 역대 최저를 또 갱신한 지난 2016년의 절반 수준인 20만 명까지 떨어질 거라고 한다. 한 인간의 삶이 짧게는 수년에서 길게는 십수년까지 다른 인간의 삶에 바쳐지는 방식으로 돌아가던 시스템은, 점점 더 많은 여성이 그토록 혹독한 '엄마되기'의 무게를 거부하면서 급격히 무너지고 있다. 지금 필요한 건 '엄마는 위대하다'는 무용한 찬사가 아니라 엄마도 체력과 정신력에 한계가 있는 평범한 인간이라는 사실을 인정하고, 이들에게만 떠맡겨 놓았던 짐을 줄이거나 나누어서 지는 것이다. 자신이 지워지고 지친 여성들이 불꽃은커녕 재가 되어 스러져버리기 전에.

살아남은 여성들의 세계

:강남역 여성혐오 살인 사건 이후

"우리는 모두 우연히 살아남은 여성들입니다."

"나는 살아남기 위해서 '예민녀'가 되었지만 이제 그것조차 소용없음을 느낀다."

"제발 죽이지 마세요. 여자 때리지 마세요. 제발 하지 마 제발."

수천 개의 비명이 벽을 가득 메우고 있었다. 일일 유동인구가 20만 명에 달하는 강남역 10번 출구, 포스트잇 한 장에 다 담을 수 없는 분노와 슬픔이 빼곡히 적혔다. "내가 살해당했다면 네가 이 자리, 이곳에 와주었겠지", "다음에는 여자로 태어나지 마요. 태어나도 대한민국 여자로는 태어나지 마요".

스물세 살이었다. 2016년 5월 17일 새벽 1시경, 강남역 인근의 한 건물 화장실에서 살해당한 여성은. 흉기를 소지하고 화장실 안에 숨어 있던 서른세 살의 남성 김 모 씨는 화장실에 들어왔던 남성 여섯 명을 그냥 보낸 다음 일곱 번째 방문자이자 첫 번째 여성이었던 피해자를 수차례 찌른 뒤 도망쳤다. 검거된 그는 "여성들에게 무시당해서 범행을 저질렀다"고 말했지만, 경찰 조사 결과 그가 여성에게 피해를 입은 구체적인 사례는 없는 것으로 드러났다. 경찰은 범행 원인이 피의자 김 모 씨가 앓고 있는 조현병이라고 공식 발표했다.

하루쯤 포털 사이트를 달군 뒤 잊힐 사건일 수도 있었다. 한국여성의전화가 2015년 언론 보도를 기준으로 조사한 통계에 따르면, 그해 남편이나 애인 등 친밀한 관계에 있는 남성에 의해 살해당한 여성은 최소 91명, 살인미수로 살아남은 여성은 최소 95명이었다. 주변인이나 김 모 씨처럼 일면식도 없는 남성의 범행은 이 숫자에 포함되지 않는다. 하루 이틀 걸러 일어나는 남성에 의한 여성 살해 사건을 일일이 기억하기란 불가능하다. 그러나 강남역 여성혐오 살인 사건은 또 다른 차원의 충격이었다. 번화가의 쾌적한 건물 안에서 일행과 즐거운 시간을 보내던 피해자가, 단지 화장실에 처음 들어간 여성이라는 이유만으로 목숨을 빼앗겼다는 사실은 한국에 사는 여성이라면 언제 어디서도 안전을 보장받을 수 없다는 현실을 또렷하게 인식시켰다. 여성에게 '몸가짐을 조심하라'고 말하는 세간의 모든 기준과 상관없이 여성은, 여성이라서 살해당할 수 있다는 것. '아직' 목숨을 잃지 않았을 뿐 폭행·추행·강간·모욕·조롱 등 무수한 형태의 폭력을 겪어온 여성들에게 이 사건은 그래서 '나의 일'이었다. 온라인 여성 커뮤니티와 SNS에서 개인들이 시작한 추모 움직임은 불길이 일듯 빠르게 확산되었고, 서울은 물론 부산·대구·광주·울산 등 각 지역에도 추모 공간이 마련되었다. 온라인과 오프라인에서 지금까지 자신이 어떻게 살아남았는지 털어놓은 여성들은 더는 이렇게 살 수 없다고 외치기 시작했다.

5월 21일 오후 5시 반, 강남역 10번 출구 앞에서 '여성대상 혐오범죄 피해자 추모행진'이 진행되었다. 집회를 주최한 다음 카페 '강남역 추모 집회' 측은 흰 국화와 흰 우비 등 300명분의 물품을 준비했지만 점점 늘어난 참가 인원은 500명을 넘어섰다. 추모 장소에 핑크색 코끼리 의상을 입고 나와 "현재 세계 치안 1위이지만 더 안전한 대한민국 남·여 함께 만들어요"라는 피켓을 들었던 남성과 마찬가지로 역시 일베 회원이라는 젊은 남성이 건물 앞 화단에 올라 목소리를 높였고, 한 중년 남성은 추모행진에 참가한 여성들을 훈계했다. 그러나 골목을 돌아 나올 때마다 행렬은 조금씩 더 길어졌다. 종이에 메시지를 적어 든 행렬 가운데 한 참가자는 "'남자가', '오빠가' 지켜주는 사회는 필요 없다. 여자가 안전한 사회가 필요하다"고 썼다.

'지켜주겠다'는 말은 위로가 되지 않는다. 여성 선별 범죄가 분명한 사건이 잇따르는데도 '묻지마 범죄'라는 표현을 관성적으로 사용하며 피해자로서 '여성'의 존재를 지우는 경찰과 언론, 그리고 이에 기꺼이 동조하며 한국 사회에 팽배한 여성혐오를 방관하는 사회 구성원들에게 이는 '남의 일'에 불과할 것이다. '모든 남자를 잠재적 가해자로 여기지 말라'는 말은 언제나 자신이 피해자가 될 수 있다는 가능성을 염두에 두고 살아가는, 혹은 이미 피해를 입은 여성들의 공포와 분노를 조금도 이해하지 못하는 태도에 다름 아니다. 리베카 솔닛이 《남자들은 자꾸 나를 가르치려 든다》에서 인용한 제니 추라는 여성의 트윗은 이 문제를 명료하게 요약한다. "물론 모든 남자가 다 여성혐오자나 강간범은 아니다. 그러나 요점은 그게 아니다. 요점은 모든 여자는 다 그런 남자를 두려워하면서 살아간다는 점이다."[20]

사건 발생 후 불과 1주일 뒤인 5월 25일, 서울의 한 백화점 지하주차장에서 흉기를 든 남성이 여성 혼자 탄 차를 노려 강도짓을 하다 붙잡혔다. 이와 유사한 여성 대상 강력 범죄가 빈번히 발생함에 따라 일부 기관과 기업에서 운영 중인 여성 전용 주차장은 남성들의 '역차별' 주장에 단골로 언급되는 비난의 대상이다. 같은 날 부산에서는 한 50대 남성이 가로수 지지대를 뽑아 70대 여성과 20대 여성 행인을 폭행해 중상을 입혔다. 범행 이유를 묻자 "아시잖아요"라고, 재차 이어진 질문에 "묻지 마세요"라고 답한 그는 남성 행인들에게는 공격성을 드러내지 않았다. 이처럼 유독 여성만을 향해 제어 없이 날뛰는 폭력성을 단지 일부 개인의 병증 혹은 일탈이라고 할 수 있을까. 지구 곳곳에서 전염병처럼 퍼지는 페미사이드(Femicide, 여성 살해) 현상을 그린 제임스 팁트리 주니어의 단편소설 〈체체파리의 비법〉은 이렇게 말한다. "한 남자가 아내를 죽이면 살인이라고 부르지만, 충분히 많은 수가 같은 행동을 하면 생활 방식이라고 부른다."[21]

5월 26일, 강남역 여성혐오 살인 사건의 피의자 김 모 씨는 검찰에 송치되면서 여성혐오와 관련된 기자들의 질문에 "사람 사는 세상에서 이런 일들이 저 말고도 여러 부분들에서 일어나고 있다"고 말했다. 그러나 그는, 그리고 많은 남성들은 말하지 않는다. 이곳은 '사람 사는 세상'이기 전에 여성이 죽임당하는 세상이라는 사실을. 한국에서 여성으로 산다는 것은 '일상적으로' 목숨을 걸어야 하는 일이 되었다. 공중화장실은, 엘리베이터는, 거리는, 내 집은 안전한가? 연인 사이에도 '안전 이별'을 해야 한다고 하지만, 모르는 남성의 벽돌과 흉기까지 피할 수 있을까? 미리 유서를 써두어야 한다는 말은 농담이 아니다. 당장 내일이라도 피해자가 될 수 있고, 어쩌면 목숨을 잃을 수도 있다. 그러니 아직 살아 있는 여성들은, 그리고 여성혐오를 멈춰야 한다고 믿는 남성들은 함께 목소리를 내고 저항해야 한다. 묻지 말라는 말 앞에 지지 않고, 돈이든 투표권이든 시간이든 자신이 가진 무기로 안전과 생존, 행복할 권리를 쟁취해야 한다.

2017년 4월 13일, 강남역 여성혐오 살인 사건의 범인 김 모 씨는 대법원에서 징역 30년을 선고받았다. 일면식도 없던 여성을 골라 잔인하게 살해한 그는 1심, 2심 이후 자신이 조현병에 의한 심실 상태에서 범행을 저질렀다며 상고했으나 받아들여지지 않았다. 대법원은 "김 씨가 여성을 혐오했다기보다 남성을 무서워하는 성격으로 받은 피해 의식 탓에 상대적으로 약자인 여성을 범행 대상으로 삼았다"고 판단했다.[22] 약자인 여성이기 때문에 손쉽게 범행 대상이 되지만 그 기저에 여성혐오가 있음을 인정받지는 못한다. '저 사람은 여성인가? 그렇다. 여성은 공격하기 쉬운 대상인가? 그렇다.' 가해자들이 이미 스스로 묻고 답한 뒤 범행을 저질렀음에도 끔찍한 폭행과 살인 사

건에 '묻지마'라는 무신경한 단어가 붙는 것을 볼 때마다 여성
들은 자신이 언젠가 겪게 될지도 모를 일을 떠올린다. 그전 3월
17일, LA 한인 타운 중심가에서 20대 한인 남성이 20대 여성에
게 "한국인이냐"고 물은 뒤 그렇다고 하자 둔기를 가져와 무참
하게 때린 사건 기사에도 한결같이 "묻지마 폭행"이라는 제목
이 달렸던 것처럼, 단지 운이 나빴을 뿐이니, 우연히 거기 있는
여자였을 뿐이니 더는 묻지 말라는 공기가 장막처럼 여성들을
덮으려 한다. 그러나 〈체체파리의 비법〉에서 가족을 모두 잃고,
자신을 죽이려는 남자들에게서 숨어 도망치던 앤은 친구에게
쓴 편지에서 말한다. "내가 전에는 한 번도 여자들이라는 뜻으
로 '우리'라고 한 적이 없다는 거 알아요? 선별적인 살해는 집단
동일시를 촉진하죠."[23]

강남역 10번 출구, 더 이상 무심히 떠올릴 수 없게 된 그곳에
누군가는 이렇게 적었다. "너의 죽음에 네 탓은 없지만 그동안
침묵했던 내 탓이 있는 것 같아서 마음 아프고 미안해. 만약 나
라도 목소리를 내었다면 지금 넌 살아 있을까. 이제는 침묵하지
않을게."
우리는 이제 그날 이전의 세계로 돌아갈 수 없다. 살기 위해
서, 살아 있는 한 돌아가지 않을 것이다.

Part 2
대중문화 속
혐오 바이러스

'○○녀'는 어떻게 탄생하고
죽어가는가

강남역 여성혐오 살인 사건이 일어난 지 며칠 후인 5월의 어느 날, 한 통의 전화가 걸려왔다. 한국여성단체연합에서 대한민국 젠더폭력의 현주소에 대한 집담회를 열 예정인데, 혹시 한국 언론의 젠더 의식 부재에 대해 발표를 해줄 수 있겠냐는 제안이었다. 강남역 사건 이후 주위 모든 여성들이 그랬듯, 그즈음 내 일상은 충격과 분노로 엉망이 되어 있었다. 길을 걷다가도 갑자기 눈물이 쏟아졌고 잠도 거의 잘 수 없었다. 하던 일조차 제대로 해낼 수 없는 상황에 덜컥 다른 일을 맡아도 될까. 게다가 어쩌다 보니 기자가 되었을 뿐, 언론사라는 조직의 시스템이나 내부 사정을 잘 알지도 못하는 내가 감히 '한국 언론'에 대해 말을 꺼내도 괜찮을까. 하지만 망설일 시간이 없었다. 나는 일단 저지르기로 했다. 기자이기 전에 한국에서 살고 있는 여성 시민의

한 사람으로서 말하고 싶은 것이 있어서였다.

집담회가 열리기 전주 주말, 강남역에서 열린 추모 행진에서는 언론중재위원회에 '성평등 관련 시정권고 심의기준 제정'을 요구하는 서명이 이루어졌다. '대장내시경녀'(의사가 대장내시경 검진 도중 마취 상태의 여성을 성추행한 사건), '트렁크녀'(김일곤이 여성을 차량째 납치·살해하고 시신을 차량 트렁크에 넣은 채 방화 및 훼손한 사건) 등, 그동안 충격적인 사건을 보도할 때마다 가해 남성보다 피해 여성을 부각하며 언론이 확산해 온 'OO녀' 프레임에 대한 여성들의 분노가 임계점을 넘어섰음을 보여준 사례였다.

여성은 가해자일 때뿐만 아니라 주범이 아닌 종범일 때도, 심지어 피해자일 때조차 'OO녀'로 제목에 언급되고 '화젯거리'가 된다. 하지만 가해자 남성이, 그들의 연대가 여성에게 무엇을 행했는지는 기사에 '굳이' 등장하지 않는 성별과 함께 그저 흐릿하게 지워진다. 성인 남성들과 여성 청소년이 범행을 저지른 사건의 경우 기사 제목은 '여고생'에만 초점을 맞추고, "성폭행 피해女 자살했는데 가해자는 반성했다고 징역 3년?"이라는 제목에서 여성은 '피해자'도 '피해 여성'도 아니고 '피해녀'일 뿐이며, 피해 여성이 법적 대응을 하면 '신고녀', '고소녀'로 칭해진다. "부하 여경 성추행한 경찰 간부 징역 2년… 법정 구속", "3사

관학교 대령이 여군 소령에 '성범죄 대리합의' 지시"처럼 대부분의 경우 가해자인 남성의 성별은 표기되지 않는다. 남성을 인간의 기본값으로 두고 '여성'을 변수로 놓는 것은 차별적이기도 하지만, 자극적인 헤드라인마다 남성을 지우고 '여성'만을 강조하는 것이 여성에 대해 부정적으로 왜곡된 이미지를 형성하는 데 영향을 미치지 않을 수 있을까?

가해자의 변명이나 입장을 내세운 헤드라인이 포털 사이트 뉴스 카테고리를 뒤덮는 경우는 어떨까. 강남역 여성혐오 살인 사건 보도 초기, "여자들이 나를 무시해서"라는 범인의 발언을 그대로 옮겨 제목에 실었던 것을 비롯해 "목사 꿈꾸던 신학생", "의사의 꿈 좌절", "성매매 과거에 발목 잡혀" 등, 가해자가 자신의 범행으로 잃은 미래를 안타까워하는 뉘앙스의 제목도 흔히 볼 수 있다. 또한 "바람피운 여친 살해"처럼, 가해자의 주장을 그대로 실음으로써 피해자와 유가족에게 또 다른 상처를 입히기도 하는데, 심지어 연인 관계가 아니라 스토킹 범죄인 경우도 있다. 성범죄를 보도할 때 "가족끼리는 괜찮아", "임신했나 확인", "야동 같이 보자" 등, 범행 당시 가해자의 발언을 인용하고 울고 있거나 무릎을 꿇는 등 수동적 자세를 취하고 있는 여성의 몸을 부각하면서, 추행이나 도촬 상황을 이미지로 재현해 삽

입한 기사도 많다. 여자 화장실 도촬 사건을 보도하면서 변기에 앉아 속옷을 내린 여성의 사진을 싣는 것처럼, 포르노적인 전시는 독자들의 반응에도 영향을 끼친다. 범죄 상황과 피해자에 대한 정보를 흥미 위주로 묘사한 기사 하단에서는 또다시 피해자를 향하는 성폭력적 댓글을 흔히 볼 수 있다.

기자의 실명 대신 '온라인 뉴스팀'이라는 이름 뒤에 숨어 페이지 조회 수를 올리기 위해 뿌려지는 말들은 더욱 심각하다. 추행이나 도촬 범죄에 "'섹시백'에 반한 성추행남 '에잇 못 참겠다'", "은밀하게 위대하게⑦" 따위의 제목을 붙이고, 언론사 SNS 계정에서 "변태 친오빠의 취미" 같은 '드립'을 치는 식이다.

이처럼 여성 대상 성범죄를 조회 수 장사에 적극 활용하며 여성을 타자화하고 대상화하는 풍토가 공기처럼 퍼져 있는 언론 환경에서 자극적이고 의도가 뻔한 제목과 기사들은 여성혐오를 끊임없이 확대·재생산한다. "'말조심해야지' 강남 묻지마 살인에 위축된 남성들"이라는 제목의 기사처럼 명백한 여성혐오 범죄를 '묻지마' 범죄로 축소하는 동시에 수많은 여성들이 공포와 분노로 떨고 있는 상황에서도 남성들이 '위축되는' 문제가 매우 심각하다는 듯 전면에 내세우고, '말조심'이라는 표현으로 남성들을 자극하는 식이다. 불특정 '여성'에 대한 선별적

범죄가 발생하고 있음에도 '묻지마'라는 표현을 관행적으로 쓰는 것은 둘 중 하나다. 악의적이거나 무능하거나.

혹시나 싶어 한국기자협회 정관을 찾아봤다. 인권보도준칙, 성폭력 범죄 보도 세부 권고 기준, 성폭력 사건보도 가이드라인이 있었다.

"언론은 가해자의 사이코패스 성향, 비정상적인 말과 행동을 지나치게 부각하여 공포심을 조장하고 혐오감을 주는 내용의 보도를 하지 않아야 한다."

"가해자의 변명을 그대로 전달하여 피해자에게 수치심을 주지 않아야 한다."

"언론은 성범죄의 원인으로 개인의 정신 질환이나 억제할 수 없는 성욕 등의 문제만 부각하지 말고 그 근본 원인이 가부장적이고 성차별적인 사회구조에 있다는 점도 유념해야 한다."

"언론은 가해자 중심적 성 관념에 입각한 용어 사용이나 피해자와 시민에게 공포감과 불쾌감을 주고 불필요한 성적인 상상을 유발하는 표현은 사용하지 않는다."

이렇게나 공정하고 윤리적인 원칙들이다. 그러나 지켜지지 않는 가이드라인이 대체 무슨 의미가 있을까. 그럼에도 언론중재위원회의 시정권고 심의기준은 '성폭력 피해자의 신원을 보호해야 한다. 피해 상태나 범행 수법을 묘사하면 안 된다. 성 관련 내용을 선정적으로 묘사하면 안 된다. 불건전한 남녀관계를 합리화하면 안 된다'는 정도에 그친다.

　언론 내부에서 자정이 이루어질 기미가 없자 2016년 4월, 〈연합뉴스〉에서 '소라넷' 가상의 운영자 시점으로 쓴 기사에 대해 몇몇 시민들이 항의 방문을 하기도 했다. 이후 〈연합뉴스〉에서는 기사 제목을 쓸 때 여성이나 소수자 비하를 피하라는 지시가 내려졌다는 이야기를 한 기자에게 전해 들었다. 그러나 'OO녀'라는 호칭만을 피한다고, 가해자에게 감정이입한 논조를 지양한다고 끝나는 문제는 아니다. 그 뒤에도 〈연합뉴스〉에는 "비혼이 대세? 외국 처녀라야 딱지 떼는 총각에겐 상처"라는 제목의 기사가 다시 실렸다. 트위터 공식 계정에서는 여성이 저지른 범죄 기사에만 굳이 '#여고생'이라는 해시태그를 별도로 넣는 꼼꼼함을 보여주기도 했다. 물론 '남고생'이 범인일 때는 그러지 않는다. 2017년 2월, 한 남고생이 저지른 강도·살인 사건 보도에 대해 한 트위터 사용자가 'OO녀'와 달리 'OO남'이라고는 표기하지 않는다고 비난하자 〈연합뉴스〉 트위터 관리자

는 "그런다고 해서 욕하고 저주할 일인가요?"라고 반응했다. 하지만 연간 수백억 원의 국고를 투입해 운영하는 국가기간 통신사는 왜, 여성 시민들이 참다못해 '욕하고 저주할' 때까지 최소한의 보도 윤리에 대해 고민하고 발전하는 모습을 보여주지 않았던 걸까? (2017년 7월에도 〈연합뉴스〉는 "아이는 특권이 아닙니다"라는 카드뉴스에서 온라인 커뮤니티의 사례들을 그러모아 여성혐오와 아동혐오로 점철된 '맘충' 서사를 강화하는 데 일조했다.)

물론 〈연합뉴스〉만의 문제로 한정할 수는 없다. 여성을 대상화하고 자극적으로 소비하는 데는 국가기간 통신사, 중앙 일간지, 지상파 방송사, 군소 온라인 매체까지 거의 모두가 동참한다. 〈조선일보〉 페이스북부터 〈경향신문〉 트위터까지 두루 드러나는 젠더 의식 부재는 좀처럼 시정되지 않는다. 그리고 이런 기사들과 언론의 태도는 여성들의 사고와 발언, 행동을 끊임없이 위축시킨다. '알아서 피하지 못한 내가 잘못한 걸까?', '내 생각을 말했다가 맞기라도 하면 어쩌지?', '나도 범죄 피해를 입으면 ○○녀로 불리는 걸까?' 불특정 여성을 향한 범죄 사건이 거의 매일 터져 나오던 시기, 어느 날 갑자기 누구에게 공격받아 생명이 위험해질지 모르니 미리 유서를 써놓되, 내 죽음을 절대 '○○녀'로 쓰지 말라고 기자들에게 당부해야겠다며 친구들과 주고받은 농담은 슬프지만 진심이었다.

한국 사회 전반의 심각한 여성혐오와 현실에서 여성을 대상
으로 벌어지는 범죄에 대해 언론은, 공범이 아니라고 말할 수
있을까. 이러한 언론에 과연 공적 매체로서 존재 가치가 있을
까. 이 사회의 부조리와 병폐를 비판할 자격이, 권위가 정말로
있을까. 언론사와 뉴스를 전달하는 주된 플랫폼인 포털 사이트
측은 자신들의 책임에 대해 어떤 고민을 하고 있으며 무슨 답
을 내놓을 수 있을까. 지난해 5월, 나는 그것을 묻고 싶었다. 아
직 답을 들은 적은 없지만 계속 물을 생각이다.

여성은 한국 예능을
웃으며 볼 수 있을까?

2016년, 독일로 1주일간 여행을 다녀왔다. 일 때문에 TV를 보는 것이 지겨워졌던 때라, 단 며칠 사이 한국 TV가 그리워지리라고는 생각지도 못했다. 하지만 콘텐츠 중독자인 내겐 한 단어도 알아들을 수 없는 외국어가 너무 답답했고, 끊임없이 쏟아져나오는 이미지와 소리 들은 공허한 소음일 뿐이었다. 돌아가면 일단 거실 소파에 늘어져 모국어로 이루어진 이야기와 농담 들을 마음껏 섭취하기로 수차례 다짐하다 보니 다시 한국이었다. 그러나 그토록 보고 싶었던 채널을 돌리고 또 돌리다가 깨달았다. 어떤 말들은 알아들을 수 있다는 것 자체가 고통이라는 걸.

상황 1 JTBC 〈아는 형님〉에서는 강호동(47세)과 러블리즈 케이(22세)가 애인 사이라는 상황극을 연출한다. 약속에 늦은 케이가 미안하다며 다가오자 전직 천하장사 출신 거구의 남성은 "죽고 싶어?"라면서 주먹을 치켜들어 케이를 위협하며 고래고래 고함을 지르고 쿵쿵 발을 구른다. 하지만 이 모든 것은 케이의 '애교'를 보여주기 위해 짜인 판이기에 케이는 상냥하게 강호동을 달래 손을 붙잡아 노래를 불러주고, 두 사람은 머리 위로 하트를 그린다.

상황 2 SBS 〈미운 우리 새끼〉에서는 30대 후반에서 40대 후반 사이의 비혼 남성 연예인을 '개월 수'로 부르고, 그들의 어머니는 아들의 독신 생활을 지켜보며 혀를 차댄다. 생후 '584개월(49세)' 김건모의 어머니는 아들의 결혼을 간절히 바라면서도 연상 며느리에 대한 농담에 난색을 표하며 "들어와서 어린애를 낳아야 하는데 50이면 너무 많지"라고 잘라 말한다.

상황 3 JTBC 〈냉장고를 부탁해〉의 MC 김성주는 37년차 배우 김미숙에게 아침마다 남편을 위해 해주는 게 있냐고 묻는다. 그는 발레리나 강수진이 남편의 음식 솜씨를 칭찬했을 때도 "본인은 요리 실제로 잘하십니까?"라고 물었고, 배우 이선균이 출연했을 때는 역시 배우인 그의 아내를 들먹이며 "전혜진 씨는 살림을 어떻게 하고 있는지 보겠다"던 일관된 태도의 소유자다.

단 1분도 마음 편히 보기 어렵다. 2015년 '옹달샘 사태' 이후, 여성인 나에게 한국 예능 프로그램은 거의 그렇다. 채널을 돌리다 보면 〈무한도전〉이나 〈아는 형님〉 같은 '남탕 예능'이 두 채널 걸러 하나씩 재방송되는 구간을 벗어나는 데만 한참이 걸리고, 그 밖에도 대부분의 예능은 고정 출연자가 모두 남성이거나 '홍일점'으로 젊은 여성을 한 명 끼워 넣은 수준이다. 남자뿐인 예능은 곧 '여자 없는 예능'을 의미한다.

하루 이틀 사이의 이야기가 아니다. 공교롭게도 '옹달샘 사태'가 벌어지고 두어 달이 지난 뒤, 데뷔 20년이 넘은 방송인 송은이와 김숙은 〈비밀보장〉이라는 팟캐스트를 만들었다. 여성 예능인들의 자리가 뷰티·살림·육아·결혼에 대한 방송 위주로 좁아진 상황에서 "숙이와 나는 종종 '애하고 시어머니가 없어서 방송 못 한다'는 농담을 한다"던 송은이와 김숙은 정말로 방송 일이 없다고 했다. KBS2 〈해피투게더 3〉가 박미선과 김신영을 하차시키고 전현무, 김풍, 조세호를 투입하며 '남탕'으로 전환한 것도 2015년 가을이었다. "다들 자리가 없어서 못 나간다"는 MBC 〈일밤〉 '진짜 사나이' 여군 특집 편 출연 기회를 운 좋게 잡은 한 연예인의 소속사 관계자는 말했다. "여자가 나갈 수 있는 예능은 MBC 〈우리 결혼했어요〉 정도다. MBC 〈무한도전〉이나 KBS2 〈해피선데이〉 '1박 2일'처럼 남자들 프로그램에 특집으로 한 번 불러주기라도 하면 고맙다."

그렇다면 여자들은 왜 예능에서 사라져버렸을까? 가끔 예능계 남초 현상을 비판하는 기사가 나면 수많은 남성 네티즌들은 "여자들이 재미없어서 그런 건데 누굴 탓하느냐"는 댓글을 달았다. "방송작가들도 대부분 여자인데 왜 남자들한테 뭐라고 하느냐"는 반응도 적지 않았다(물론 그들은 대부분의 PD가 남자라는 사실은 이야기하지 않는다). 어쨌든, 나는 예능을 만드는 사람들의 생각이 궁금했고, 몇 명의 PD와 작가에게 다음과 같은 대답들을 들을 수 있었다.

"여성 시청자들은 남자를 좋아한다. 남성 시청자들은 예쁜 여자가 아니면 무관심하고, 나이 든 여자나 똑똑한 여자는 싫어한다."

"시청자들은 여자가 몸 개그를 하면 나댄다, 상스럽다고 욕한다. 하지만 남자가 하면 '제대로 한다'고 칭찬한다. 게다가 남자는 욕을 먹었던 일도 아예 토크나 코미디 소재로 써먹으면서 치고 나가는 반면, 여자는 뭘 해도 남자보다 훨씬 욕을 많이 먹기 때문에 나쁜 경험이 쌓이면서 위축되는 것 같다."

"야외 버라이어티에서 남자가 세수 못 하고 부스스한 머리로 나오면

귀엽다고 하지만 여자가 화장 안 하면 못생겼다고 하고, 화장을 하고 나오면 작위적이라고 한다. 여자 연예인에게 외모는 자신의 상품성에서 중요하기 때문에 무시할 수 없는 부분인데, 시청자들은 무조건 일대일로 비교하며 남자처럼 하지 않는다고 비난한다."

"여자 PD와 여자 작가들이 모여도 남자들만 나오는 예능을 만든다. 지금 당장 실적을 내야 하니까 '될 걸 한다'는 거지. 예를 들어 전현무와 정형돈이 나오는 프로그램을 할 수 있다면 여자로 그 캐스팅에 대항할 수 있나? 없다. 아무도 안 본다. 그래서 여자 연예인 중심의 아이템을 내지 않을뿐더러 내부에서도 지속적인 킬(kill)이 있다. 누가 나서서 위험부담을 지겠나."

"남자끼리는 녹화 후 함께 술을 마시거나 하면서 친해져 인맥을 쌓고, 호흡이 맞으면 다른 프로그램이 들어왔을 때 서로 추천해 주기도 한다. 하지만 여성들은 그런 자리에 끼기 어렵다 보니 소위 '라인'을 형성하기가 힘들다."

나이 들고, 똑똑하고, 예쁘지 않은 여자는 예능 프로그램에서 인기를 얻기 힘들다. 10년 전 박미선은 최고의 MC였다. EBS 〈까칠남녀〉에서도 알 수 있듯 그의 진행 능력은 여전히 뛰어나지만, 그의 커리어가 '쌓일'수록 입지는 줄어들었다. 남성 연예인들은 도박이나 음주운전을 비롯해 사회적 물의를 빚는 사건을 일으켜도 시간과 인맥을 통해 자연스럽게 복귀할 수 있지만 여성 연예인은 나이만 들어도 자연스럽게 밀려난다. '망가지는' 것을 감수하고 몸을 던지는 여성 예능인들도 인기 아이돌이나 '핫 바디'로 이슈가 된 여성들에게 밀려 출연 기회를 잡기 힘들다. 제작진들은 "솔직하고 개성 있는 캐릭터를 보여주던 여성 방송인들이 계속 비호감이라고 욕을 먹다 보니 몸을 사리게 되고 재미가 없어지는 바람에 결국 예능에서 밀려나게 되는" 코스가 있다고 말했다. 주류 예능에서 여성 연예인들이 배제되는 구조는 이미 탄탄히 굳어졌고, 기회가 주어지지 않는 만큼 누군가 주목받거나 성장할 가능성도 희박하다. 한 PD는 "우리 책임이 아니다. 그동안 예능이 여성들에게 캐릭터와 롤을 부여하지 않아왔는데 현재의 제작진에게 책임을 물으면 안 되지 않나? 현 상황에서 여자한테 줄 수 있는 건 작은 자리뿐인데 그나마 제 역할 할 사람이 별로 없다"고 항변하기도 했다.

반면 남자들은 나이 들고, 똑똑하고, 잘생기지 않아도 사랑받을 수 있다. tvN 〈알쓸신잡〉의 성공이 이를 보여준다. 여행과 '인문학'을 결합한 이 프로그램에 왜 여성은 단 한 명도 없느냐는 지적이 많았지만, 역시 슬프게도 이는 새삼스러운 일이 아니다. 나는 지난해와 올해 개편 철마다 보도자료를 받으며 매일

기운이 빠졌다. 새로 시작되는 프로그램의 소개에 따르면 살림도 남자가 하고, 여행도 남자끼리 가고, 딸도 남자가 키우고, 개밥 주는 것도 화장하는 것도 남자들이었다. 남자는 숨만 쉬어도 아이템이 되는 건가 싶을 만큼 '남자', '수컷', '형(님)'을 제목에 내세운 프로그램들이 끝없이 쏟아져 나왔다.

그에 비해 가뭄에 콩 나듯 등장하는 '여성 예능'은 불안하다. 2016년 2월, 야심 차게 등장한 JTBC 〈마녀를 부탁해〉의 첫 회 게스트는 무려 장동민과 유상무였다. 이 프로그램은 김숙의 '가모장' 콘셉트를 장동민의 '가부장' 캐릭터와 비교하며 그가 저지른 여성 비하 발언의 심각성을 희석했다. 여성 배우들을 여럿 모아 시작한 KBS2 〈하숙집 딸들〉은 진부한 기획에서 벗어나지 못하고 시청률이 하락하자 3개월 만에 문을 닫았다.

2017년 여름, 한국 여성 예능의 가능성은 아이러니하게도 2년 전 '일이 없어서' 팟캐스트를 시작했던 김숙의 어깨에 대부분 얹혀 있다. JTBC 〈님과 함께 시즌2: 최고의 사랑〉을 히트시킨 그는 지금 전원 여성 MC인 MBC 에브리원 〈비디오스타〉와 온스타일 〈뜨거운 사이다〉를 이끈다. 김숙과 홍진경이 든든하게 견인했던 KBS2 〈언니들의 슬램덩크 2〉는 멤버들이 절박한 상황에서 열심히 걸 그룹 프로젝트를 준비하고 서로 아끼는 모습을 보여주며 여성 예능의 미덕을 드러냈지만, 그들의 건강한 재미를 응원하면서도 나는 생각했다. 여성에게 허용되는 웃음의 영역은 어디까지일까? 한때 나의 길티 플레저였던 Mnet 〈음악의 신〉처럼 범죄에 연루되거나 방송 출연 정지 등 중징계를 받았던 양아치들의 허세를 적나라하게 놀려먹는 쇼의 주인공들이 여성일 수 있는 날이 올까.

이 사회의 반을 차지하는 여성의 시선과 목소리가 방송에 더 많이 반영되어야 한다는 당위를 주문하는 것은 아주 쉬운 일이다. 이것이 여성 연예인 개인이 더 '노력'해서 성취할 수밖에 없는 일이라고 주장하는 사람들도 여전히 많다. 그러나 그 전에 방송이, 대중이 여성에게 제대로 말하고 웃길 수 있는 기회를 공정하게 제공해 왔는지 물어야 하지 않을까. 남성을 기본값으로 한 예능의 '안전한' 문법만을 따라가는 제작진, 여성에게 유독 엄격하고 자의적인 기준을 들이대며 때로는 징벌하는 시청자, 여성을 출연시키되 단순히 대상화하고 성 역할 편견을 고착시키는 제작진, 이 여성들이 예능에서 받는 '취급'을 견디다 못해 결국 떠나고 마는 시청자…… 이 패턴에서 벗어나지 못한다면 여성과 한국 예능은 점점 멀어질 수밖에 없을 것이다.

응답하라,
누구의 딸일 수밖에 없는

추억은 힘이 세다. 심지어 그것이 나의 추억이 아닐지라도. 엄격하면서도 자식에겐 끔찍이 헌신적인 부모님, 허물없이 자라 친형제보다 가까운 이성 친구, 다정하고 유쾌한 이웃들, 그리고 세상이 조금씩 좋아지는 것 같았던 과거의 어느 시절. H.O.T. 브로마이드 한 장이 눈물 나게 갖고 싶었고, 〈마지막 승부〉 OST의 전주가 빠바밤 빰빰 빰빰빠밤 흘러나오면 가슴이 뛰었으며, 온 가족이 모여 서울 올림픽 개막식을 지켜보면서 소중히 녹화하던 기억의 파편들이 있다면 빠져나올 수가 없다. tvN 〈응답하라〉 시리즈 이야기다.

'남편 찾기'는 추억팔이와 함께 〈응답하라〉 시리즈가 쳐놓은 또 하나의 강력한 덫이다. 과거의 추억을 떠올리며 현재를 슬쩍 비춰주는 구성은 시청자의 궁금증을 자극한다. 〈응답하라 1997〉의 성시원(정은지 분)은 전교 1등 윤윤제(서인국 분)와 서울대생인 윤제의 형(송종호 분) 중 누구와 결혼했을까? 〈응답하라 1994〉의 성나정(고아라 분)은 의사(정우 분)와 프로야구 선수(유연석 분) 중 누구를 택했을까? 〈응답하라 1988〉의 성덕선(혜리 분)은 공부 잘하는 주인집 아들 김정환(류준열 분)과 바둑 천재 최택(박보검 분) 중 누구와 이루어졌을까? 그런데, 그 잘난 남자들은 왜 이 평범한 소녀를 사랑할까?

"과격한 말괄량이에 사회적 자아가 없고 모두에게 아이처럼 편하게 대하는 패밀리 걸", 〈응답하라〉 시리즈 세 여주인공의 공통점에 대한 안주연 정신건강의학과 전문의의 분석은 흥미롭다. 시원, 나정, 덕선은 모두 아이같이 솔직한 성격으로, 자신이 느끼는 대로 감정을 표현한다. 화가 나면 소리부터 지르고, 갑자기 느낀 사랑의 감정에는 어쩔 줄 몰라 당황한다. 그중에서도 특히 덕선은 분노, 서운함, 부끄러움 등 부정적인 감정을 다스릴 줄 모르고 고함과 주먹질로 표현한다. 자신을 좋아한다고 여겨 짝사랑했던 선우(고경표 분)가 언니 보라(류혜영 분)를 좋아하고 있었다는 사실을 알게 되었을 때, 덕선의 반응은 자신의 착각을 받아들이는 것이 아니라 영문도 모르는 선우를 다그치고 울며 화를 내는 것이었다. 10대의 인간이 얼마나 비밀이 많으며 자기만의 세계를 공들여 만드는지, 가족과 친구와 그 밖의 타인마다 다른 얼굴을 보이는지, 이 시기를 지난 사람이라면 알고 있을 법한데도.

그러나 덕선은 바로 그러한 이유로 이웃 어른들에게 두루 사랑받는 '예비 며느릿감'이다. 집에서 거의 말을 하지 않아 어머니를 속상하게 할 만큼 무뚝뚝한 정환과 달리, 덕선은 정환의 아버지 성균(김성균 분)과 유행어 콤비를 이루고 별명을 부르며 인사할 만큼 사이가 좋다. 정환의 집에서 신세를 지게 되었을 때 불편해하는 보라와 달리, 덕선은 마음껏 샤워를 할 수 있다며 기뻐한다. 덕선이 속한 친구 무리의 남자들은 모여서 야한 비디오를 볼지언정 덕선에겐 조금도 위협적이지 않은 순수한 친구로 그려지며, 덕선 또한 택의 방에서 잠들기도 하고 잠에서 깼을 때 정환이 옆에 누워 있어도 놀라지 않을 만큼 무방비하다. 덕선의 서사는 오직 어린 시절부터 함께 자라온 남자들에게 사랑받으며 채워지고, 그의 삶은 주변 남자들에게 보호받을 때 가능하다. 그리고 이 드라마 속 덕선의 '성숙함'은 내성적이고 예민한 택이 경기를 치르는 중국에 따라가 밥과 옷, 잠자리를 돌봐주는 '내조'처럼 그려진다. 자신과 타인 사이의 명확한

선이 없어 낯가리지 않으며 감정 노동을 꺼리지 않는 여성으로서의 미덕 말이다.

덕선과 결혼한 택이 그렇듯, 〈응답하라〉 시리즈의 남편감들은 사회적으로 미숙한 여주인공들의 부족한 부분을 완벽하게 채워준다. 그들은 공부를 남다르게 잘하거나, 예체능 분야에서 정상을 차지할 만큼 뛰어난 능력을 가졌고, 여주인공을 늘 지켜보며 필요한 것을 제공해 주려 노력한다. 그들은 말은 퉁명스러워도 좋아하는 여자에게 집중하며 다정하게 행동하고, 톱스타지만 좋아하는 상대 앞에서는 소탈한 모습을 보인다. 이것은 그 '남편감'들이 여주인공보다 정신적으로 성숙하기 때문에 가능한 일이다. 덕선이 '전교 999등'이면서도 별다른 스트레스 없이 자신이 누구를, 또는 누가 자신을 좋아하는지에만 관심을 쏟는 반면, 또래 남학생들은 이미 학교 폭력 또는 경쟁에 대한 스트레스 등 사회의 현실과 부딪힌다. 즉 〈응답하라〉 시리즈의 '남편 찾기'란, 결과적으로 능력 좋고 성숙한 남자들이 '아무것도 모르는' 여주인공을 사랑하고 보호하는 것에 가깝다.

덕선의 언니 보라는 이 세계에서 드물게 다른 길을 가려는 여자였다. 그는 마음 따뜻하지만 가부장적인 아버지의 세계, 쌍

문동 골목에서 벗어나 민주화 투쟁에 참여하며 가치관의 충돌을 겪는다. 고집 세고 때로는 독선적이거나 폭력적인 성격으로 묘사되는 보라는 사랑스럽거나 순종적인 여성 혹은 손아랫사람이기를 거부한다. 〈응답하라 1988〉에서 보라의 이런 성격은 '예비 며느리'로서 감점 사유고, 어른들은 덕선과 달리 그를 꺼려한다. 선우의 어머니 선영(김선영 분)이 "보라 가가 사근사근하길 하나 애교가 있기를 하나. 나는 만날 천날 꼴등해도 덕선이가 훨씬 좋다. 보라 가는 무섭다. 가는 보통 애가 아니지"라고 말할 만큼. 그러나 그런 보라 역시 김해 외가에 간 선우의 동생 진주(김설 분)가 아플 때 선영을 김해까지 밤새 운전해 태워다 줄 만큼 속 깊은, 즉 꽤 괜찮은 며느릿감이라는 반전을 보여준다.

부모의 반대를 무릅쓴 채 데모를 하고, 남자친구를 향해 "내 얼굴이야. 내 맘대로 할 거야. 이래라저래라 하지 마"라고 날 세워 선언하는 것은 스물한 살의 보라에서 멈춘다. 27년이 지난 '현재'에 이르러 보라(전미선 분)는 과거 부모에게 그러했듯, 자신이 담배 피운다는 사실을 남편 선우에게 들키지 않으려 애쓰는 사근사근한 아내가 된다. 덕선의 남동생 노을(최성원 분)의 여자친구 수경(이수경 분)이 노을을 좋아하게 된 이유도 "나한테 담배 피우지 말라고 한 사람은 처음이라서"였다. 덕선이든 보라든 수경이든 〈응답하라 1988〉의 여자들은 모두 태도를 고쳐야 할

'말괄량이'들일 뿐이고, 그들은 남자들에게 '건전하게' 통제되고 보호받음으로써 행복해진다.

결국 〈응답하라〉 시리즈는 어느 시대를 살았던 여자아이를 주인공의 자리에 놓되 한 인간으로서 그의 목소리를 거의 들려주지 않는다. 대신 동창회나 집들이, 인터뷰 등 그들의 현재를 보여주는 장치들을 통해 수많은 신데렐라 드라마가 막을 내릴 때처럼 '그리고 그들은 오래오래 행복하게 살았습니다'를 든든히 보장하며 강력한 안도감을 제공한다. 모두가 '가족'이었기에 경제적 문제나 시가와의 갈등 등 '완벽한' 결혼을 위협하는 요소들은 미리 제거된다. 어린 시절부터 함께 자라온 남자(들)의 '여사친' 혹은 여동생 같던 여주인공이 '천재 톱스타'와 '엘리트 전문직'이라는 배우자 선택지를 얻고, 그중 한 명과 결혼해 중산층 이상의 계급으로 편입된다. 이것은 독립된 한 가정의 탄생이라기보다 두 사람이 원래 속해 있던 유사 가족이 가족으로 변형 혹은 확장되는 데 가깝다. 그리고 그 속에서 여자는 늘 누군가의 딸이거나 아내다. 거기에 가장 잘 어울리는 여자아이가 가장 사랑스러운 여자아이라고 믿는다면 어쩔 수 없는 일이겠지만.

하나도
기쁘지 않습니다

2016년 8월, 국제앰네스티와 《아이즈》에서 진행한 성평등 공동 기획은 여성을 둘러싼 '말'들로 시작했다. 여성, 특히 사회 초년생이거나 결혼하지 않은 젊은 여성들이 일상적으로 듣게 되는, 칭찬과 호감을 가장한 말들. 그러나 실은 여성 전반을 폄하하고 상대를 일방적으로 평가 내리며 남성의 잠재적 섹스-결혼 상대로서 대상화하는 데 지나지 않는 말들. 대개는 억지로 웃으며 이런 말들을 견뎌야 하는 여성들의 불쾌감과 피로감을, 그들이 이를 악물고 삼키는 말을 통해 말하고 싶었다. 이제는 좀 알아주길 바란다. 여성들은 이런 말이 #하나도_기쁘지_않습니다.

"넌 다른 여자들이랑 달라서 좋아."

사람은 원래 다 다릅니다.

"너 정도면 괜찮지."

평가해 달라고 하지 않았습니다.

"그렇게 안 봤는데 천생 여자네."

너랑 계속 안 봤으면 합니다.

"나는 예쁘기만 한 여자보다 너처럼 개념 있는 여자가 좋아."

너 좋으라고 있는 '개념'이 아닙니다.

"얼굴은 이렇게 예쁜데 성격도 좀 사근사근하면 얼마나 좋아?"

누가 좋습니까?

"이렇게 몸매가 좋은데 왜 숨기고 다녔어?"

너랑은 상관없습니다.

"○○이는 똑똑하니까 학교 들어가면 부반장 할 수 있겠다."

반장은 벌써 뽑혔습니까?

"○○ 씨는 너무 똑똑해서 시집가기 힘들겠어."

누가 힘듭니까?

"여자분치곤 잘하시네요."

'여자' 대신 '사람'을 넣고 말이 되나 봅시다.

"와, 정치에 관심 있는 여자 처음 봐요!"

여자를 처음 본 건 아닙니까?

"넌 엄마 같아서 좋아."

그럼 공경하고 효도합시다.

"내가 딸처럼 아껴서 그래."

이 손이나 치우고 말합시다.

"아주 맏며느릿감이네."

가족 비유 없이 칭찬할 말을 생각해 봅시다.

"네가 너무 예뻐서 참을 수가 없어."

자기 문제를 남 탓하지 맙시다.

"자취하니까 남자들한테 인기 많겠어요."

주지도 않은 라면 국물부터 마시지 맙시다.

"누가 자꾸 따라다닌다고? 이야, 인기 많아서 좋겠네."

스토킹은 범죄입니다.

"내가 10년만 어렸어도 OO 씨처럼 매력적인 여자랑 연애할 텐데."

지금도 아니고 그때도 아닙니다.

"OO 씨는 인물이 빠지는 것도 아니고 어디가 모자란 것도 아닌데 왜

결혼을 못해?"

당신 생각이 모자란 건 알겠습니다.

"와, 여자분들만 계셔서 그런지 여기는 아주 꽃밭이네."

꽃 아니고 사람입니다.

"너는 내가 항상 지켜줘야 할 것 같아."

그냥 존중의 선을 지킵시다.

"누나 나이도 예뻐요."

빈손으로 선심 쓰는 척하지 맙시다.

"나이보다 어려 보이시네요."

나이 언급, 외모 평가 쌍으로 하십니다.

"어린 여자분 같지 않게 정신이 성숙하시네."

그 나이에도 할 말 못할 말 못 가리십니다.

"아유, 여자분이 계시니까 말조심해야겠네."

그 말 하기 전에 조심합시다.

방송통신심의위원들은
왜 모두 남자일까?

많은 사람들이 방송통신위원회(이하 방통위)와 방송통신심의위
원회(이하 방심위)를 구분하지 못할 것이다. 방통위는 방송 정책
과 통신 서비스 정책 및 규제를 총괄하는 대통령 직속 행정기
구이고, 방심위는 심의 규정을 어긴 방송 사업자를 제재하거나
청소년 보호 유해물을 결정하는 민간 독립기구인데, 사실은 나
도 별 관심이 없었다. 2015년 JTBC 〈선암여고 탐정단〉에 두 여
고생의 키스신이 등장하기 전까지는. 정확히 말하면 이 키스신
으로 인해 JTBC가 중징계를 받은 과정이 보도되기 전까지는.

　당시 몇몇 언론에서도 인용했지만, 방심위 홈페이지 '알림마
당'에 올라와 있는 회의록에는 두 차례에 걸친 회의에서 쏟아져
나온 열띤 동성애혐오 발언들이 수십 페이지에 걸쳐 기록되어
있다. 그중 지극히 일부를 골라 옮기자면 다음과 같다.

함귀용 위원 성소수자, 어떻게 보면 참 안타깝죠. 성소수자의 인권을 침해하자, 저도 이런 생각은 전혀 없습니다. 성소수자는 성적 자기결정권에 있어서 다수와 다른 정신적 장애를 앓고 있다고 저는 기본적으로 생각하고, 그들도 대한민국 국민이기 때문에 성적 자기결정권에 대한 권리는 보장받아야 된다고 생각합니다. 그들의 인권을 전혀 인정하지 말자는 뜻은 아닙니다. 그렇다고 해서 제가 동성연애에 대해서 옹호하거나 지지하는 사람은 전혀 아닙니다. 저는 동성연애에 대해서는 적극 반대하는 입장이고요. (중략) 우리가 그 장면을 아름답다고 느꼈다면 이게 혐오감을 줬다고 생각할 수 없지만, 혐오감을 느낀 대다수의 시청자들이 있고, 저도 이 장면을 보고 굉장히 혐오감을 느꼈습니다.[1]

하남신 위원 저 드라마를 고등학생 딸 키우는 엄마가 집에서 저녁 먹고 커피 한 잔 마시면서 편하게 같이 볼 수 있겠냐는 말입니다. 채널 돌릴 것입니다. 저 드라마는 분명히 문제가 있다는 이야기입니다.

박효종 위원장 동성애는 동성애자들 간의 키스가 아닌 방식으로 얼마든지 우아한 형식으로 표현될 수 있습니다. 같은 동성애자들끼리 다정하게 손을 잡는 모습이나 때로는 어깨를 두드리는 모습 등으로 얼마든지 품위 있게 동성애를 부각시킬 수도 있었을 것입니다. [2]

　　일부 위원들은 〈선암여고 탐정단〉에 대한 제재 수위를 남녀 고등학생의 키스신이 등장한 SBS 〈상속자들〉, Mnet 〈몬스타〉

등과 같이 '권고' 정도에 맞추어야 한다고 주장했지만, 스스로 건전한 상식인이라고 믿는 호모포비아만큼 끈질기고 말이 안 통하는 상대는 없을 것이다. 아홉 명의 방송통신심의위원 중 여섯 명이 '경고'를, 두 명이 '주의'를, 한 명이 '권고' 의견을 냈고 제재 수위는 '경고'로 결정되었다.

그 후 한동안 잊고 있던 방심위 회의록을 다시 들춰 보게 된 것은 2016년 가을, 자극적인 설정과 표현으로 유명한 문영남 작가의 드라마에서 논란이 된 데이트폭력 장면에, 방심위가 '문제없음'이라는 결론을 내렸다는 소식을 듣고서였다.

상황 1 SBS 〈우리 갑순이〉 주인공 '허갑돌(송재림 분)'이 주인공 '신갑순(김소은 분)'을 억지로 끌고 가 강제로 키스하는 등 데이트폭력에 해당하는 장면을 미화하는 내용을 방송하여 시청하기에 매우 불쾌했다는 민원이 제기되었다. 허갑돌이 이별을 고하는 신갑순을 쫓아가 벽에 밀친 채, 싫다고 거부하는 신갑순에게 사랑한다고 말하며 키스하고 포옹하는 장면에 이어 두 사람이 하룻밤을 같이 지냈다는 것을 암시하는 장면으로 마무리되었다.

장낙인 위원 저는 사실 그 부분보다도, 그 장면의 배경에 보이는 나

가사키 카스테라, 맥주, 호텔, 모텔, 이것이 더 문제인 것 같은데요.

눈을 의심했다. 사회적으로도 심각한 문제로 떠오른 데이트 폭력과 성폭력 장면이 주말 저녁 황금 시간대 드라마에 등장해 시청자들이 민원을 제기했는데, 그보다 간접광고 효과가 더 문제라는 말이 가장 먼저 나오다니? 그러나 이어지는 발언들은 더욱 놀라웠다.

장낙인 위원 드라마에서 이런 장면이 있다고 데이트폭력으로 문제를 삼으면 범죄물이라든지 이런 것은 하나도 못 만들어요.

함귀용 위원 작가가 쓸 수 있는 극적인 표현의 한계가······.

장낙인 위원 너무 좁혀져 버리니까요. 연인의 감정선을 표현하는 장면인데, 어떤 식의 표현은 부적절하니 안 된다, 이런 식으로 문제를 삼으면······.

김성묵 소위원장 '문제없음'으로 할까요?

장낙인, 하남신, 윤훈열 위원 예.[3]

아무런 논쟁조차 없이 일사천리로 '문제없음'이라는 결론이 나는 것을 보니 도대체 이 회의에서 어떤 말들이 오가는지 궁금해졌다. 2016년 진행된 방송심의소위원회 회의록을 전부 내려받아 읽었다. 그리고 또 다른 '문제없음'을 발견할 수 있었다.

상황 2 국방TV 〈위문열차〉에서 국군 장병들을 대상으로 한 초대 가수 공연 중 병사와 5인조 여성 그룹인 에이프릴의 멤버가 각각 짝을 지은 후 사회자가 친근한 자세를 요청하자 병사가 여자 가수 허리 및 어깨 등에 손을 올리는 장면을 방송했다. 이와 관련하여 남성 출연자가 여성 가수 신체의 일부를 과도하게 접촉하여 불쾌감을 유발하였다는 다수의 민원이 접수되었다.

김철환 정보교양채널팀장 일부 민원인들은 성희롱적인 내용이라는 점을 지적했습니다.
함귀용 위원 불쾌감이 안 느껴졌다고 하면 '문제없음'인데, 저는 불쾌감을 못 느꼈습니다. 그래서 저는 '문제없음' 의견 내겠습니다.
하남신 위원 예.
장낙인 위원 저도 '문제없음'입니다.
윤훈열 위원 저도 동의합니다.
김성묵 소위원장 전원 '문제없음'으로 결정하겠습니다.[4]

드라마 속 여성 청소년 간의 키스 장면에 굉장한 혐오감을 느꼈다는 위원이, 여성의 등허리와 가슴께에 동의 없이 팔을 두른 남성의 행동에 불쾌감을 느끼지 못했다고 말하고, 전원이 그에 동의하며 '문제없다'고 결론 내리는 광경이라니! 어떻게 이럴 수가 있지? 물론 그것으로 끝이 아니었다. 2016 브라질 리우데자네이루 올림픽 중계진의 성차별적 발언들은, 분노한 시청자들이 직접 온라인에 '2016 리우 올림픽 성차별 보도 아카이빙'을 작성할 만큼 무수히 쏟아져 나왔다. 다수의 민원도 제기되었다. 그러나 방심위 위원들의 생각은 달랐다.

상황 3 여자 펜싱 에페 8강에 오른 최인정 선수가 입장하자 KBS 최승돈 아나운서는 "미인대회에 출전한 선수처럼 계속해서 환한 미소를 띠고 있다"고 발언했다.

하남신 위원 여기에서 진행자들이 발언한 의도는 반드시 여성을 폄하하고 그것을 비하, 과소평가하기 위한 것이라기보다는 자기들 딴에는 부드럽고 하나의 위트로써 한다는 것이 다소, 약간의 논란의 소지는 있다고 보겠으나 생방송을 하는 과정에서, 더군다나 올림픽이라는 국민적 관심이 큰 이벤트를 하면서 부드러운 방송, 위트가 섞인 방송을 하자는 의도에서 한 것이라고 보고요. 이런 정도를 문제 삼는 것은 지나치지 않은가 하는 생각을 갖습니다. 그래서 저는 '문제없음' 의견을 내겠습니다.

함귀용 위원 앞에 수식어지만 이 내용은 환한 미소를…….

장낙인 위원 예. 환한 미소가 핵심이에요.

함귀용 위원 저도 '문제없음'에 동의합니다.

(중략)

김성묵 소위원장 전원 '문제없음'으로 결정하겠습니다.

상황 4 KBS 여자 골프 중계 김미현 해설 위원은 브라질의 빅토리아 로벨라디 선수의 경기 장면을 보며 "출전한 선수 중에 가장 여성스럽게 샷을 하는 것 같아요", "이름도 아주 여성스럽지 않습니까?" 등의 발언을 했다.

하남신 위원 여성스럽다는 것 자체가 조신하고 부드럽고 파워풀하지 않고, 그런 뜻 아니에요?

장낙인 위원 그것을 양성평등에 위배됐다고 이야기를 하면…….

하남신 위원 그러면 무슨 말을 해요. 그것은 아닌 것 같은데요. 저는 '문제없음'입니다.

함귀용 위원 저도 동의합니다.

장낙인 위원 그리고 하나, 그러면 남자를 남자답다고 하면 그것도 양성평등 위반에 해당하나요? 만약에 이것을 문제 삼으면…….

함귀용 위원 여자 선수를 남자답다고 했으면 문제를 삼을 수…….

장낙인 위원 아니 또 남자 선수를 남자답다고 하면 어떻게 할 것이에요?

함귀용 위원 제가 고민한 부분은 이것이 여자 선수를 여자답다 했으니까, 여성스럽다 했으니 그런데, 만약에 남자답다고 했으면 어땠을까······.

하남신 위원 예를 들어 복장이나 헤어스타일 같은 것이 보이시하다, 그런 느낌을 주는 운동선수들 있잖아요.

김성묵 소위원장 남자들의 입장에서 보면 그런데, 이것을 역지사지로 해서 여자들의 입장에서 보면 또 문제가 있는 것이에요.

함귀용 위원 여성 위원들이 있으셔야 되는데 없으시니까, 원 변호사님이 의견을 내주세요.

방심위 법무팀 원은자 변호사 문제없어 보입니다.[5]

그렇다. '아무말 대잔치'에 가까운 이 회의에서 유일하게 건질 수 있는 중요한 지적은 바로 이것이다. "여성 위원들이 있으셔야 되는데", 없다는 사실.

2017년 5월 현재 방송통신심의위원회 위원은 아홉 명 전원 남성이다. 우리나라 전 대통령도 여자분이셨는데, 심지어 그에게 파면 선고를 내린 헌법 재판관도 정원 아홉 명 중 단 한 명이나마 있는 여성이었는데, 대중에게 엄청난 영향력을 행사할 수 있는 미디어 규제 기구에 여성 위원 비율이 0퍼센트인 것이다

(방송통신위원회 위원 여섯 명도 전원 남성이기는 마찬가지다).

게다가 방심위 위원들의 평균 나이는 64세로, 아홉 명 중 일곱 명이 60대이며 70대가 한 명, 최연소 위원이 50대 중반이다. 민주언론시민연합 정책위원 정민영 변호사는 "컬러TV가 보급되기 전 청소년기를 보냈고, 마흔이 넘어 인터넷을 처음 접한 사람들이 우리나라의 방송과 인터넷에 대한 심의를 하고 있다"⁶고 지적한 바 있다. 전직 방송사 간부, 신문방송학과 교수, 공안 검사 출신 변호사 등의 직업 구성에서도 알 수 있듯, 이들은 그야말로 한국 사회의 엘리트-기득권 남성을 대표할 뿐 다양한 시각과는 거리가 먼 집단이다. 여성, 성소수자, 장애인을 대변할 수 없는 것은 물론, 젊은 시청자들의 경험이나 정서와도 너무나 멀리 있다. 그러나 한국 사회의 거의 모든 분야가 그렇듯 결정권은 나이 든 남성들에게 쥐어 있다. 생활 속에서 수많은 데이트폭력, 성폭력, 성차별을 겪고 있는 여성들이 이를 재생산하는 방송에 문제를 제기했을 때 '문제없음'이라고 판단 내릴 수 있는 그 권력이, 소수자혐오와 편견을 제도 안에서 정당화할 수 있는 권력이.

2017년 3월, 3·8 세계여성의날 기념 젠더폭력 근절을 위한 여성·인권단체 공동 기자회견문에는 다음과 같은 내용이 실렸다.

국가는 미디어에 의한 여성폭력 2차 피해를 방지하고, 성차별적 미디어 환경을 변화시키기 위한 정책을 실시하라. 이를 위해 지상파 방송사 및 미디어 정책결정 구조에 참여하는 여성 비율을 50퍼센트로 할당하고, 성평등 관점에서 미디어 사업자를 평가할 수 있는 시스템을 마련하며, 미디어 분야 종사자와 미디어 이용자에 대한 성평등 관점의 미디어 교육을 실시할 것을 강력히 요구한다.[7]

2017년 6월, 제3기 방심위 위원들의 임기가 끝난다. 어쩌면 이 책이 나올 때쯤 여성 위원 한두 명 정도는 위촉될지도 모르겠다. 그러길 바라지만, 그렇다 해도 만족할 생각은 없다. 미국 연방 대법원의 두 번째 여성 대법관 루스 베이더 긴즈버그는 사람들이 대법원에 여성 대법관이 몇 명이면 충분한 것 같냐고 물을 때마다 대답했다고 한다. "아홉 명입니다."[8]

더 이상 설레지 않습니다

:한국 드라마 속 로맨스의 폭력적 클리셰

2016년 8월, 국제앰네스티와 《아이즈》의 성평등 공동 기획을 통해 한국 드라마 속 로맨스의 폭력성을 다루었다. 오랫동안 수많은 드라마들이 여성을 어린아이처럼 대하고, 강압적으로 다루고, 동의 없는 스킨십을 하거나 다양한 방식으로 위협하는 남자들을 '그럼에도 불구하고' 치명적인 매력의 소유자이자 사랑의 승리자로 그려왔다. 상대를 함부로 대하고 자신의 감정만을 밀어붙이는 이들은 '나쁜 남자'라는 설정이나 '감정 표현에 서투르다'는 핑계 아래 너무나 쉽게 면죄부를 받아왔고, 여전히 TV 속에서 사랑이라는 이름의 폭력을 행한다. 우리는 계속 말해야 한다. 이제는 드라마 속 이런 장면에 #더_이상_설레지_않습니다.

강제로 여자의 손목을 잡아끄는 남자

미국 온라인 매체 〈버즈피드〉가 '한국 드라마 캐릭터처럼 사랑에 빠진다면'이라는 클리셰 모음 영상에서도 등장시켰듯, 남자가 여자의 손목을 거세게 잡아채는 장면은 해외 한국 드라마 팬들 사이에서도 꽤 논란이 되었던 이슈다. 여자를 질질 끌고 나가거나, 가려는 여자를 억지로 붙들거나, 혹은 한 여자의 양쪽 손목을 붙들어 꼼짝 못하게 한 두 남자가 자기들끼리 신경전을 벌일 때 이들은 여자의 의사에, 기분에, 육체적 고통에 전혀 개의치 않는다. SBS 〈파리의 연인〉의 한기주(박신양 분)도, MBC 〈커피 프린스 1호점〉의 최한결(공유 분)도, tvN 〈또 오해영〉의 박도경(에릭 분)도 그랬다. 2017년 tvN 〈비밀의 숲〉에 와서야 직장에서 여성 동료의 손목을 잡아끌고 가는 남자에게 "이것도 폭력입니다"라고 지적하는 남자가 등장했으니 앞으로 나올 남자들에게 최소한의 변화라도 기대할 수밖에.

여자에게 소리 지르고 폭언을 퍼붓는 남자

많은 드라마 속 남주인공들의 설정은 부유함과 '차가운 도시 남자, 하지만 내 여자에겐 따뜻하겠지'로 요약된다. 그러나 냉철하다기보다 그냥 싸가지가 없고 분노를 조절하지 못해 수시로 여주인공에게 언성을 높이거나 "꺼져", "멍청이", "쉬운 여자"

따위의 말을 내뱉는 이 남자들을 정말 사랑할 수 있을까? 〈파리의 연인〉의 그 유명한 장면을 떠올려보자. 한기주는 자기가 데려간 모임에서 모욕당하고 있는 강태영(김정은 분)을 질질 끌고 나오며 "너 바보야? 왜 말을 못 해? 손 치우란 얘기도 못 해?"라며 화를 내면서도 정작 자신의 손은 치우지 않는다. 그리고 "저 남자가 내 사람이다. 저 남자가 내 애인이다 왜 말을 못 하냐구!"라고 고래고래 소리 지름으로써 '애정'을 표현하다가 격정에 못 이겨 기습 키스를 퍼붓는데, 대체 어느 장단에 맞춰야 하는 거지? 불쾌하고 불안해서 사랑은커녕 상종도 하고 싶지 않을 것 같은 남자들인데.

여자에게 강제로 키스하는 남자

《그것은 썸도 데이트도 섹스도 아니다》의 저자 로빈 월쇼는 "대중문화는 남성의 공격성과 위력, 성을 혼합하여 메시지를 전달하는 경우가 많다"며 영화 〈바람과 함께 사라지다〉에서 레트 버틀러가 스칼렛 오하라에게 강제로 키스한 뒤 베드신이 암시되고, 그로부터 이튿날 스칼렛의 밝은 표정이 비춰지는 장면을 두고 "남자들에게 이러한 장면은 여성들도 '사실은 원하고 있고', 특히 조금 못살게 군 다음에 육체적 힘으로 제압하면 틀림없이 넘어온다는 확실한 증거가 된다"는 예를 들었다.[9] KBS2

〈이 죽일 놈의 사랑〉의 여주인공 차은석(신민아 분)에 대한 "무례한 키스가 이렇게 아프게 가슴에 박힐 줄은 몰랐다"는 소개 문구도 비슷한 뉘앙스를 담고 있다. 하지만 SBS 〈달의 연인: 보보경심 려〉, KBS2 〈화랑〉과 〈7일의 왕비〉 남주인공들의 무력을 앞세운 키스, 의대 선배를 향한 SBS 〈낭만닥터 김사부〉 강동주(유연석 분)의 기습 키스도 강제 추행임을 이제는 좀 가슴에 새기도록 하자.

여자를 벽에 밀쳐 팔로 가두는 남자

손목 끌어당기기-벽에 가두기-강제 키스는 대개 한 세트로 이루어진다. 앞서 언급한 〈우리 갑순이〉에서 남주인공 갑돌이 이별을 통보한 갑순을 으슥한 골목으로 끌고 가 벽에 밀쳐 가두고, 눈물까지 흘리며 거부하는 갑순에게 억지로 키스한 것은 최악의 3단 콤보였다. 비록 방송통신심의위원회에서는 '데이트 폭력'이라는 시청자들의 민원에 '문제없음'으로 응수했지만, 여성의 신체를 구속하고 위협하는 행동에 너그러워져선 안 된다. 애니메이션 〈레이디버그〉(Ladybug, 2016)의 토마스 아스트뤽 감독은 남주인공 아드리앙이 여주인공 마리네뜨를 벽으로 밀어붙이는 그림을 트윗하며 "언젠가 이런 장면을 보게 될까요?"라고 물은 팬에게 다음과 같이 대답했다. "아뇨, 아드리앙은 신사이기 때문이지요. 신사는 숙녀를 구석에 몰아넣는 것처럼 공격적으로 행동하지 않아요. 여자를 코너로 몰아넣고 가두는 남자애들은 머저리예요. 머저리처럼 되지 마세요. 머저리들을 좋아하지 마세요. 우리는 더 이상 석기시대에 살고 있지 않잖아요."

여자를 태우고 난폭 운전하는 남자

무혁 밥 먹을래, 나랑 뽀뽀할래?

은채 차 세워 빨리!

무혁 밥 먹을래! 나랑 잘래!

은채 차 문 열고 뛰어내린다!

무혁 밥 먹을래, 나랑 살래! 밥 먹을래, 나랑 같이…… 죽을래!

죽으려면 혼자 죽지. 2004년 방영된 KBS2 〈미안하다, 사랑한다〉의 '명장면'을 다시 보며 생각했다. 무슨 짓을 저지를지 모르는 남자와 달리는 차 안에 단둘이 있을 때의 공포는, 위협적인 택시 기사의 차에 타본 여자라면 쉽게 상상할 수 있을 것이다. 그런데 이경희 작가는 차무혁(소지섭 분)에 이어 2016년 〈함부로 애틋하게〉(KBS2)의 신준영(김우빈 분)을 내놓았다. 조수석에 여주인공을 태운 채로 애꿎은 제3자마저 저승 동반자로 삼으려는 듯 폭주하던 그는 한적한 도로에 겨우 내려 토하고 있는 여주인공에게 약값이라며 수표를 뿌리고 휑하니 가버린다. 교통사고도 한순간, 여성이 낯선 곳에 홀로 남겨졌을 때 위험에 빠지는 것도 한순간인데, 이런 남자와는 그냥 시작을 하지 않는 게 좋다고 본다.

여자를 강제로 들쳐 메고 가는 남자

체구가 작은 여자를 남자가 들어 올려 어깨에 거꾸로 메고, 버둥거리는 여자를 무시한 채 걸음을 옮기는 상황은 드라마 속에서 코믹하면서도 로맨틱하게 그려지곤 하지만 과연 그럴까? 이런 장면에서 남자가 여자를 들쳐 메는 것은 대개 서로 시비가 붙었거나 여자가 만취했을 때고, 남자는 여자의 의사에 반하여 여자의 신체를 구속한 채 강제로 이동시킨다. 대부분의 여성이 극복하기 어려운 물리력의 차이를 기반으로 한 이런 설정이 실제 상황이라도 과연 설렐까. 〈함부로 애틋하게〉에는 여주인공 노을(수지 분)에게 고성을 지르고 걷어찬 데 이어 들쳐 메고 가는 신준영 외에도, 자신과 티격태격하던 또래 여성을 번쩍 안아 올려 대형 쓰레기통에 던져 넣고 머리를 꾹꾹 누르는 10대 남성이 등장한다. 이 드라마의 장르는 물론 스릴러가 아니다.

여자 앞에서 물건을 부수는 남자

폭언, 고성, 비난, 위협적인 동작, 그리고 물건을 던지거나 부수는 것은 모두 연인 관계에서의 언어적·정서적·경제적 폭력[10]에 속한다. 직접 때리지는 않더라도 폭력을 쉽게 휘두르는 사람은 상대를 불안하게 만들어 위축시키고, 결국 신체적 폭력으로 이어지기도 한다. 물론 손목을 힘껏 움켜쥐거나 목을 조르는 등 멜로드라마 주인공들이 '광기 어린 사랑'을 표현하려 하는 행동들도 전부 폭력이며, 휴대폰을 집어 던지거나 골프채를 휘둘러 가구나 가전제품을 부수는 것, 손으로 거울을 깨는 것 등은 모두 위험신호다. 〈또 오해영〉의 박도경은 분노를 다스리지 못해 여성을 차에 태운 채 자동차 유리창을 주먹으로 깨뜨리고, 다른 남성의 차를 뒤에서 들이받기도 할 만큼 위험한 인물인데, '안전 이별'을 고민해야 할 것 같은 이 캐릭터는 2016년의 '로코킹'으로 불렸다.

무작정 찾아와 기다리는 남자

"보고 싶어요. 나올 때까지 기다릴게요"라는 메시지만 남기고 찾아오는 남자, 사랑하는 여자의 집 앞 현관이나 계단에 밤새 앉아 있다 아침에 문을 열고 나오는 여자에게 반갑게 인사하는 남자. 상상만 해도 너무 설레긴 개뿔, 어떻게 피해야 할지 무서울 뿐이다. 여성이 자신만의 안전하고 사적인 공간을 확보하는 것은 지극히 기본적인 욕구지만 너무나 쉽게 침해받는 권리기도 하다. 초대받지 않은 이가 쳐들어오는 것도, 주변을 서성이는 것도, 지켜보는 것도 스트레스며 공포다. 자신이 순정남이라 믿었을 것 같은 많은 남주인공들과, MBC 〈운빨로맨스〉에서 여성의 거절을 받아들이지 않고 현관문을 닫지 못하도록 버텼던 두 남자는 이를 알고 있을까. "지금 우리가 데이트폭력이라 부르는 것들은 과거 '치정 폭력', '치정 살인'의 현대화된 언어이고, '애틋한 로맨스'라 믿었던 '따라다니기', '기다리기' 등은 이제 스토킹이라 부른다."[11]

어떻게 대해도
괜찮은 사람
:걸 그룹이라는 '신분'에 대하여

나는 핑클을 좋아하지 않았다. 애인이 바람났는데 원망은커녕 "그래 널 보내주겠어 그 무엇도 바라지 않아 언제든 다시 돌아와 난 여전히 너의 여자야"(《루비: 슬픈 눈물》)라며 처연하게 눈물짓는 게 내 또래 고등학생들이라니! 그러나 중학생 시절, 더 클래식의 〈마법의 성〉을 두고 또 왕자가 공주 구출하는 얘기냐며 외로이 비판했을 때처럼, 나 빼고는 다들 핑클을 좋아했다. "내 모든 걸 원한다면 너에게 줄게 지금 이대로 너의 품속에 나를 데려가 줘 난 니 거야"(《내 남자친구에게》)나 "내 모든 걸 너에게 기대고 싶어 언제나 나를 지켜줄 너라고"(《영원한 사랑》)라며 애교 있게 고백하는 노래들도 잇따라 히트했다. '예쁘고 발랄하며 스킨십엔 적당히 적극적이면서 내가 바람피워도 지고지순하게 나만 바라보는 여자친구'라니, 이거 너무 남자를 위한 '개념 여친' 판타지 아닌가? 이렇게 주체적이지 못한 여성상을 그리는 노래는 비판받아야 마땅하다! 그리고 해맑게 웃으며 이런 판타지를 퍼뜨리는 핑클 너희들도 나빠!

하지만 사실 그 시절 나는 누군가와 인생을 바꿀 수 있다면 성유리가 되고 싶었다. 가느다란 팔다리와 새하얀 피부, 만화에서 튀어나온 것 같은 얼굴을 갖고 세상을 살아간다는 건 어떤 기분일까? 나도 저렇게 예쁘기만 하면 공부 같은 건 안 해도 될 텐데. 가만히 있어도 저렇게 인기가 많은데 속상하고 힘들 게 뭐가 있을까? 세기말과 수능을 앞두고 답답한 교복에 갇혀 암울한 나날을 보내고 있던 나는 TV 속 그 소녀를 동경하고 또 미워했다.

성유리를 실제로 만나게 된 것은 2011년 KBS2 드라마 〈로맨스 타운〉 종영 인터뷰에서였다. 부잣집 가사 도우미로 일하는 '노순금'이라는 캐릭터를 어떻게 이해하고 접근했느냐는 질문에 그가 대답했다. "지금은 계급이 없는 사회라고 하지만 순금이는 그 세계에서 '어떻게 대해도 괜찮은 사람'에 속해요. 피에로처럼 코를 잡아당기거나 놀려도 항상 웃으며 남들의 기분을 맞춰줘야 하는 삶을 살거든요. 그런데 저도 일하면서 가장 상처받았던 게, 분명 저한테 들릴 거라는 걸 알면서도 욕설을 퍼붓는 사람들이 있을 때였어요. 개인 대 개인으로 만나보면 좋은 사람일 수도 있지만, 그분들에게 나는 그냥 그런 얘기를 들어도 되는 피에로 같은 존재라는 생각이 들었어요. 순금이도 아마 그런 경험을 했을 거고 자기가 그런 존재라는 게 슬프겠지만 표현할 수는 없었겠죠. 그래서 저도 순금이에게 공감하고 이해할 수 있었던 것 같아요." 1세대 걸 그룹 핑클의 막내, '화이트'이자 '국민 요정'이었던 그의 말을 나는 가끔 생각한다.

연예인, 아니 유명인은 언제나 대중의 입에 오르내리는 존재다. 코미디언들은 길에서 만난 꼬마들이 반말로 약 올린다고, 악역 전문 배우는 식당 종업원 아주머니들에게 꾸지람을 듣는다며 쓴웃음과 함께 고충을 털어놓는다. 그러나 누가 뭐래도 한국에서 가장 까다롭게 평가되고 가혹하게 징벌되는 대상은 '국민'을 고용주 삼아 이제 막 '취업'한 어린-여자-아이돌이다. 이들은 항상 예쁘고 날씬해야 하는 동시에 아무거나 주는 대로 잘 먹어야 하며, 식단 관리나 운동 등 '자기 관리'에 철저해야 하되 수술이나 시술 사실을 들키면 조롱받는다. 사진 한 장 속 표정이나 말 한마디에도 '태도 논란'이나 각종 추측에 휩싸여 공격당하는 일은 부지기수, '인성'이라는 모호한 잣대는 수시로

걸 그룹을 향한다. 많은 사람에게 예쁨받는 동시에 아무에게나 손아랫사람으로 취급되는 '국민 여동생'은 '만인의 연인'만큼의 존중도 받지 못한다. 비밀 연애를 하면 파파라치 사진을 찍혀 폭로당하고, 공개 연애를 하면 신중하지 못하다고 훈계당한다. 아파서 병원에 가면(심지어 가지 않아도!) 임신설과 낙태설에 시달리는데, 참다못해 SNS에 직접 해명이라도 하면 과도하게 감정적으로 구는 게 아니냐는 언론의 회초리질까지 당한다.

신인 걸 그룹이 응원받을 수 있는 것은 반지하 숙소를 탈출할 때까지, 빗물로 미끄러운 무대에서 일곱 번 넘어져도 여덟 번 일어나 춤을 출 때까지, 자판기처럼 아무 때나 애교를 요구받아도 꺼리는 기색 없이 수행할 때까지다. 부상과 수면 부족, 거식증에 시달리며 강행군을 소화한 끝에 돈을 벌어 '건물주'라도 되면, 위험하거나 부당한 상황에서 불편한 기색을 비추기라도 하면, 그들을 향한 응원은 잦아들고 '초심을 잃었다'는 비난이 떠돈다. 외모를 지적받고 민낯을 공개당하면서도 항상 밝게 웃어야 하는 신인 걸 그룹의 감정 노동을 지적한 기사에 달린 한 댓글에서 '어린 계집애들이 이 정도 고생도 안 하고 쉽게 돈 벌겠다고?' 하며 고까워하는 이들의 속내가 읽힌다.

"하기 싫으면 때려치우라 그래라. 하라고 등 떠민 적도 없고 시킨 적도 없다. 감정 노동? 더한 모욕 당하며 일하는 사람도 널렸다."

사람이 모욕당하며 일하는 것은 당연한가. 돈을 많이 버는 사람은 그만큼 심한 모욕을 견뎌야 마땅한가. 모욕과 수입이 비례하지 않는 경우는 또 어떤가. 노출이 많은 의상과 노골적인 성적 암시가 담긴 뮤직비디오로 선정성 논란에 휘말렸던 한 걸 그룹 멤버들은 시간이 흐른 뒤 인터뷰[12]에서 "'싫으니 하기 싫다'는 말을 하면 안 되는 줄 알았다"고 털어놓았다. 활동이 잘 풀리지 않자 소속사는 점점 수위 높은 콘셉트를 제시했고, 이들은 상황을 이해하지 못하거나 거절하지 못한 채 활동을 이어갔던 것이다. "당시에는 사람들 만나기가 부끄러웠다. 대화를 하다가도 너무 슬퍼서 울고 그랬다"던 멤버가 아직도 소품으로 사용된 흰 우유를 먹지 못한다는 대목에서는 가슴이 꽉 막혔다. 극도의 스트레스 상황에 내몰리는 게 일이자 일상인 이들이 정신건강의학 전문가나 심리 상담사 등 전문가의 도움을 받을 수 있는 경우는 과연 얼마나 될까. 또 다른 걸 그룹 무대 영상에 달려 있던 다음의 댓글도 잊을 수 없다.

"치마 길면 안 본다. 결코 안 본다. 시간 아깝다. 이건 쇼 비즈니스고

엔터테인먼트 산업이다. 정서상 유방을 노출할 수 없는 한국에서 하반신 노출마저 제재한다면 이 산업을 영위해 갈 동력원을 잃게 되는 결과를 낳게 된다. 서구 선진국에선 상상도 못할 치마 속 속바지마저 허용하는 기형적인 한국의 걸 그룹 복장에서 조금 더 제한이 가해진다면 이 생태계를 유지할 수 없다.”

'나는 포르노를 보고 싶다'는 말을 이렇게 당당하게, 이 산업의 큰손인 양 할 수도 있다는 것이 놀라웠지만, 그것이 일부 소비자만의 마인드가 아니라 생산자의 마인드이기도 하다는 것을 알게 되었을 때는 참담함마저 느꼈다.

2016년 방송된 Mnet 〈프로듀스 101〉의 기획자 한동철 CP는 방송 종영 후 한 잡지사와의 인터뷰에서 "남자들에게 건전한 야동을 만들어줘야 한다는 생각"[13]이었다고 말했다. 〈프로듀스 101〉은 아이돌, 특히 걸 그룹을 둘러싼 엔터테인먼트에서 '통제의 쾌감'을 강력한 동력원으로 사용하며 큰 성공을 거두었다. '국민 프로듀서'라는 이름으로 진행된 시청자 투표와 그에 따라 변하는 순위는 대중과 방송사 대 데뷔가 절실한 연습생의 권력 관계를 선명하게 드러낸다. 대중이 원하는 모습을 보여주지 않은 연습생의 순위는 곧바로 하락하고, 강제로 체중을 공개당한 연습생은 "겨울이니까 이해해 주세요"라는 애교를 부려야 하며, 가창력, 댄스 실력, 외모, 소속사, 태도, 성형수술 여부, 학창 시절 일화까지 평가 리스트는 끝없이 늘어난다. 참가자들을 낱낱이 품평하는 국민 프로듀서는 투표를 통한 징벌과 보상으로 자신의 권력을 확인할 수 있고, 소녀의 눈물은 이에 가장 효과적인 장치다. '비호감'으로 보일 수 있는 적은 가능성도 당사자에게는 엄청난 불안 요소가 되고, 제작진은 몰래카메라에서 참가자들의 몫이 아닌 업무나 하지도 않은 잘못에 대한 책임을 물으며 '배려심'과 '의리'를 테스트한다. 특히 비싼 장비를 망가뜨린 스태프를 대신해 자신이 책임지겠다고 말한 뒤 극도의 두려움에 시달리던 참가자에게 몰래카메라임을 밝히고 그가 울음을 터뜨리게 만드는 연출 방식은, 바퀴벌레 모형을 던져 놀라게 하거나 추운 야외에서 섹시 댄스를 추도록 했던 KBS2 〈본분 금메달〉이 그랬듯 어린 여성에게 과도한 감정 노동을 요구하고 감정적으로 무너지는 모습을 보며 즐기는 가학성을 뚜렷하게 드러낸다.

투표에서 1위에 오른 연습생이 반장처럼 구령을 붙이면, 수십 명의 소녀들이 영업을 시작하는 백화점 직원들처럼 가지런히 손을 모으고 허리를 굽히며 "국민 프로듀서님, 잘 부탁드립니다!"라고 외치던 진풍경은, 2017년 Mnet 〈아이돌학교〉의 "육성회원님, 좋은 평가 부탁드립니다!"로 이어진다. "춤과 노래는 필요 없다. 마음과 얼굴, 끼가 예쁘면 된다"는 입학 조건은 '실력'을 본다는 체면치레조차 생략하고 여성의 가장 중요한 가치는 '예쁨'임을 노골적으로 내세운다. 여기서 '마음이 예쁘다'는 게 얼마나 텅 빈 거짓말인지는 굳이 말할 필요도 없을 것이다. 〈아이돌학교〉 첫 회는 단체사진을 찍으며 화면에 예쁘게 나와야 한다는 김희철의 멘트로 시작되고, 교가의 제목은 〈예쁘니까〉이며, 만 열두 살에서 스물네 살 사이의 참가자들은 나의 어디가 예쁜지, 누가 나보다 예쁜지, 누가 얼마나 예쁜지 말하고 또 말한다. 개인 공간 하나 보장되지 않는 핑크빛 내무반 형태의 장소에서 핑크빛 잠옷 차림으로 핑크빛 이불을 덮고 자며, 완벽한 메이크업에 긴 머리를 예쁘게 흩날리면서 아침 구보를 하는 참가자들이 생각하는 자신들의 모습은 '핑크빛 군대'다. '학교'를 빙자해 '군대'에 참가자들을 밀어 넣은 만큼 일상적 통제는 당연하게 이루어진다. 수도 없이 '예쁨'을 강조하면서, 집에서 가져온 개인 물품을 반납하게 하고 인조 속눈썹과 마스크 중 굳이 하나만 고르게 하는 이유가 궁금하지만, 원칙 없는 규칙 적용이야 중·고등학교 시절 수없이 겪었던 일이니 새삼스럽지도 않다.

아이돌학교 생활 수칙

1. 아이돌학교의 품위를 떨어뜨리는 행위 및 언행 금지(벌점 3점)

2. 수업 및 과제 불성실(벌점 3점)

3. 선생님 및 생활 사감 등 관리자의 통제에 불응 시(벌점 5점)

4. 수업 일지 매일 작성하기(벌점 3점)

5. 무단 외출 및 외박 금지(벌점 5점)

6. 휴대전화 및 불필요한 전자 기기 사용 금지(벌점 3점)

7. 개인 SNS 업로드 금지(벌점 3점)

8. 교실, 숙소 및 연습실 사용 후 청결 유지(벌점 3점)

9. 외부 음식 반입 및 취식 금지(벌점 2점)

10. 허가되지 않은 장소 무단출입 금지(벌점 2점)

*위 항목 어길 시 벌점 부과(벌점 누적 15점 초과 시 퇴교 조치함)

이 프로그램의 홈페이지에는 더 자세한 교칙이 실려 있는데, "제1조 용의 복장을 단정히 함으로써 학생다운 면모를 갖추어 학생의 긍지를 드높이고, 외양보다는 내실을 기할 수 있도록 지도하는 데 있다"에서 웃음을 터뜨리면 될까? 프로그램 예고에서 하얀 블라우스와 짧은 교복 치마가 흠뻑 젖도록 물을 뿌렸던 건 그럼 누구였단 말인가?

    가족과 떨어져 낯선 곳에서 합숙하게 된 것만으로도 울음을 터뜨릴 만큼 어린 참가자들, 미성년자가 다수 포함된 이 집단을 굴리는 것은 치열한 경쟁 시스템이다. '필요 없다'던 춤과 노래 연습을 시키며 중·고등학교 수련회에서 단체 기합을 결정하는 것 같은 방식으로 인성이니 협동심을 테스트하고, 조금이라도 튀고 싶어하는 참가자에게는 눈총을 준다. 그러나 트레이너의 평가 역시 가장 중요한 것은 아니다. '온라인 선행평가'라 이름 붙인 인터넷 투표와 방송 중 실시간 문자 투표(물론 유료다), 즉 소비자의 선택에 따라 하위권의 퇴학이 결정되는 시스템을 자랑스레 소개하며 학교는 말한다. "학생들의 운명은 육성회원 여러분의 손에 달려 있습니다!"

    이 학교에는 무려 '아이돌 멘탈관리학'이라는 수업도 있지만, "자기가 완벽하게 중심을 잡고 있으면 세상은 자기중심으로 돌아간다"며 '노오력'을 강조하던 〈프로듀스 101〉이 그랬듯 "나중에 어떤 모습으로 그려질지 모르는 게 꿈"이라는 얼렁뚱땅 자기계발서적 멘트로 수업이 마무리되는 걸 보면 이 방송 자체가 참가자들을 정서적으로 학대하고 있다는 인상을 지울 수 없다.

2017년 3월, 한 걸 그룹 사인회에서 '안경 몰카'를 착용하고 있던 남성 팬이 발각되었다. 멤버 중 한 명이 상황을 파악해 대처했고, 소속사는 앞으로 그 팬이 공식 일정에 참석할 수 없도록 하겠다고 발표했지만 근본적인 대책은 세워지지 않았다. 6월, 또 다른 걸 그룹은 팬에게 살해 협박과 쇼케이스 현장 폭파 협박을 잇달아 받기도 했는데, 자신이 협박범이라고 밝힌 남성은 방송사와의 통화에서 해당 그룹이 일반인과 함께하는 소개팅 프로그램에 출연해 화가 났다고 말했다. 8월, 또 다른 걸 그룹에 대한 염산 테러를 암시하는 글이 일베에 올라왔다. '국민 프로듀서'나 '육성회원'이라는 이름의 소비자들이 '갑'으로서 자신의 힘을 마음껏 누리고 싶어할수록 눈치를 봐야 살아남을 수 있는, '뜨더니 싸가지 없어졌다'는 소문을 조심해야만 하는 걸 그룹 멤버의 입장에서는 사인회에 찾아온 팬이 아기용 젖꼭지를 물려도, 허락 없이 신체를 만져도, 무례한 말을 해도 피하거나 화를 내기 어렵다. "지금의 걸 그룹은 아이돌이 아니다. 우상이 아니라는 점에서 그렇다. 그들은 동경받기 위해 판타지를 유지하는 것이 아니다. 눈 밖에 나지 않기 위해 웃어야 한다. (중략) 존중받지 않는 것이, 지금 이 극한 직업의 본질이자 그들의 역할이 되어버렸다"[14]는 지적은 점점 더 유효해지는 듯하다.

오래전 나는 "오빠는 나이가 아니라 신분"이라는 농담을 한 적이 있다. H.O.T.와 젝스키스 등 내 또래 혹은 한두 살 위였던 1세대 아이돌 이후 몇 번의 세대교체가 있었고, 아이돌과 '누나 팬'들의 나이 차가 점점 벌어지기 시작한 뒤였다. 나이 먹은 여자들이 정신 못 차리고 연예인이나 좋아한다는 멸시 어린 시선을, 나는 좀 뻔뻔하게 받아치고 싶었다. 나이가 많아야 오빠냐? 잘생기면 다 오빠지. 일곱 살 어린 유노윤호도, 열네 살 어린 유승호도, 21세기 이후에 태어난…… 암튼 걔도! 여기서 '오빠'란 동경과 숭배의 대상인 동시에 "지갑으로 낳아 통장으로 키우는" 자식 같은 존재를 의미한다. 즉 '오빠'와 '울 애기'는 하나의 대상을 바라보고 소비하는 방식으로 충돌 없이 공존할 수 있는 것이다. 하지만 같은 아이돌이라도 보이 그룹이 아닌 걸 그룹에게는 이 관점이 적용되지 않는다는 사실을 깨달으면서 나는 더 이상 웃으며 그런 말을 할 수 없게 되었다. 과연 지금 한국에서 걸 그룹에게 주어지는 '신분'은 무엇일까. 어떻게 대해도 괜찮은 사람, 이라는 말이 늘 떠올라 맴돈다.

'센스'란 무엇인가

:여자 연예인에게만 엄격한 잣대에 대하여

　　상황 1　J는 집에 손님을 초대했다. 요리를 잘하는 O가 도착하자 J는 음식을 만들어달라고 졸랐다. 솜씨를 발휘해 카르보나라를 만들어준 O에게 J는 "망쳤지?"라고 놀려댔고, 맛을 본 뒤에는 떨떠름한 표정을 지으며 김치를 찾았다. 그리고 J는 마시다 남겨두어 쉰 냄새가 나는 와인을 손님들에게 꺼내 왔다. 식사를 마친 뒤 식탁에서 접시를 치운 것은 O였다.

　　상황 2　K는 집에 손님을 초대했다. 밀푀유나베, 단호박 오리고기찜, 계란말이를 만들기로 했다. 손님은 여섯 명, 그러나 집들이가 처음인 K는 재료의 양을 제대로 가늠하지 못해 고기를 700그램밖에 사지 않았다. 손님들이 도착하자 K는 음식 준비를 도와달라고 부탁했다. 한참 뒤 식탁이 차려졌지만 적은 양의 음식은 순식간에 사라졌고, K는 손님이 사 온 도넛과 호두과자를 먹자고 했다.

손님 접대를 만족스럽게 하는 것은 어려운 일이다. 음식을 해 먹는다면 요리 실력이 필수고, 시켜 먹는다면 손이 좀 큰 편이 좋다. 메뉴의 밸런스를 고려하고, 인원에 맞춰 재료를 구입해 손질하고, 늦지 않게 음식을 내오려면 돈과 에너지는 물론 상당한 경험이 필요하다. 그런 면에서 J와 K의 손님 접대는 전체적으로 엉망이었다. 당연한 일이다. J는 요리를 못하고, K는 여럿을 먹여본 적이 없다. 하지만 유독 K에게만 엄청난 비난이 쏟아졌다. K가 인스타그램에 사과문을 올렸지만 '논란'은 사그라지지 않았다. J와 K는 MBC 〈나 혼자 산다〉에 출연한 전현무와 김슬기다. 방송을 본 이튿날 김슬기를 짐짓 훈계하는 어조의 연예 기사를 읽은 누군가 어리둥절한 얼굴로 "도대체 뭐 때문에 이렇게 난리인 거야?"라고 물었을 때, 나는 이렇게밖에 대답할 수 없었다. 여, 여자라서?

한국 예능이 날이 갈수록 '남탕'이 되어가는 원인에 대해 이야기하자면 2박 3일 동안 포럼을 열어도 부족할지 모른다. 그런데 앞서 〈여성은 한국 예능을 웃으며 볼 수 있을까?〉에서 언급했듯, 내가 2015년 '여자 없는 예능'의 원인에 대해 방송 제작진들을 취재했을 때 다수의 프로그램을 히트시켰던 한 예능 작가는 잘라 말했다. "시청자들이 여자를 보는 걸 좋아하지 않는다." 물론 이렇게 단순히 일반화할 수는 없다. 그러나 '경향'은 무시할 수 없는 문제고, 취재원 대부분은 비슷한 입장이었다. 이 점에서 나는 "시청자들이 남녀에게 허용하는 범위가 다르다"는 한 예능 PD의 말이 비교적 정확하다고 생각한다. 그는 "무엇을 하든 여자 연예인이 훨씬 더 욕을 많이 먹고, 당사자들 또한 그런 반응 때문에 위축된다"고 덧붙였다.

지난 몇 년 동안 내가 한국 예능, 특히 리얼리티 프로그램과 그에 대한 기사, 댓글, 온라인 커뮤니티의 반응을 보며 가장 마음이 복잡해졌던 것도 바로 이 지점이었다. 체중 관리부터 표정, 몸짓, 발언, 행동, 심지어 범죄 경력까지, 왜 우리는 이토록 남자에게 관대하고 여자에게 엄격한가. 여자 연예인이 무례한 일을 겪었을 때는 눈물을 감추지 못했다는 것만으로 조롱하고 비난하면서, 남자 연예인의 무례한 언행은 왜 그렇게 조용히 빠르게 잊어주는가. 열애설에도 크게 휘청하는 여자 연예인들과 달리 도박, 음주운전, 폭행 따위를 저질렀던 남자 연예인들은 어떻게 그렇게 자연스럽게 복귀하는가. 왜 남자는 50이 가깝도록 자기 몸 하나 제대로 건사하지 못하고 살아도 귀엽게 연출하고 재미있게 봐주면서, 여자에게는 스물만 넘어도 자기 관리는 물론 인간관계와 가사 노동에서도 엄청나게 높은 수준의 '센스'를 일괄적으로 당연하게 요구하는가. 도대체 그 '센스'란 무엇인가?

다시 김슬기의 사과문으로 돌아가 보자.

"편집되어서 나오지 않았지만 고기는 오리고기 200그램 차돌박이 200그램 샤브용 300그램, 총 700그램으로 요리했고 방송에 나오지 않았지만 치킨 세 마리를 배달시켜 먹었습니다. 요리 시작 전에 잠들지 않았고 잠깐 쉬는 모습입니다. 시켜 먹는 것보다 직접 요리를 해주고 싶어서 내린 선택이었는데 많은 양의 요리는 처음 해봐서 저의 미숙한 점으로 인해 불편하셨던 분들께 사죄드립니다ㅜ.ㅜ"

평소 김슬기의 SNS에는 많아야 200~300개의 댓글이 달렸지만 이 게시물에는 무려 4천 개의 댓글이 달렸는데 그중 일부는 이렇다.

"인색함에 실망했어요."
"돈 아끼려고 그런 거 같은데 그냥 짠순이라는 걸 인정하세요."
"요리를 다 못 했으면 중국집에 배달이라도 시키셨어야죠."

그리고 이게 왜 그렇게까지 욕먹을 일이냐는 사람들을 향한 '어른스러운' 훈계도 있다.

"김슬기 씨 옹호하는 분들은 아주 어리거나 집들이 한 번도 못 가보셨나 봐요."

흔히 예능 프로그램에서의 여성혐오를 지적하면 "예능은 예능일 뿐 다큐로 보지 마라", 즉 심각하게 정색하며 따지지 말라는 말들을 한다. 웃기려고 한 일에 죽자고 달려드는 '프로불편러'들 때문에 아무것도 못 하겠다는 볼멘소리도 나온다. 하지만 정작 많은 시청자들이 예능을 엄정하고 진지하게 바라보는 것은 여성이 출연했을 때다. 얌전하면 몸을 사린다, 화통하면 날티 난다, 너무 조금 먹는다 혹은 많이 먹는데 작위적이다, 착한 척한다, 기 싸움한다, 그리고 여성을 향한 만능 회초리 '센스가 없다'……

이들을 향하는 잣대는 너무나 복잡하고 가혹해서 누구도 살아남을 수 없을 것처럼 보인다. 실제로 살아남은 이들이 거의 없기도 하지만. 그에 비해 2개월 동안 세탁기 안에서 썩어가는 빨래를 방치하는 모습을 고스란히 드러낸 뒤에도 철없고 자기애 강한 캐릭터를 얻어 승승장구하는 전현무는 얼마나 너그러운 세상에 살고 있는가. 물론 그가 여성이었다면 이런 사과문을 써야 했을 것이다.

"편집되어서 나오지 않았지만 설거지는 제가 직접 했습니다. 마시던 와인 꺼내 온 것은 전에 맛있게 먹었던 기억에 같이 맛보면 좋을 것 같아서였고요. 음식물 쓰레기 남기면 안 된다고 한 것이나 카르보나라 느끼하다고 한 것은 방송의 재미를 위해 한 말이지 진심은 아니었습니다. 그리고 와인 오프너 5년 동안 쓰면서 코르크 빼는 방법을 모르는 건 말이 안 된다고 하시는 분들이 계시는데 저의 미숙함에 불편하셨던 분들이 있으시다면 사죄드립니다ㅜ.ㅜ"

물론 나는 누구도 이 정도 일로 '사과문'을 쓰지 않았으면 좋겠다. 웃어넘길 일은 웃어넘겨야 더 재미있는 것들을 만들 수 있다. 그러나 지금은 오직 '여자' 연예인들만이 사과하지 않아도 될 일에 사과를 한다. 정작 사과해야 할 만한 남자 연예인들의 폭력적인 말과 행동은 금세 잊히고 용서받으며, 예능은 여전히 그들만의 리그다. 그리고 그 리그가 점점 공고해지는 것이 단지 새로운 시도를 하지 않으려는 제작진만의 문제일까.

2017년 8월, 뮤지션 시와의 블로그에서 한 편의 글을 읽었다. 2017 청년포럼 '문화예술이 젠더를 묻다'라는 행사에서의 강연을 다시 정리한 내용이었다.

음악가들 중 많은 남자는 있는 그대로의 자신을 드러내는 데에 두려움이 적고, 또한 음악가들 중 많은 여자는 자신을 그대로 드러내기 어려워하고 있습니다. 제가 그랬듯이, 수없이 많은 기준으로 자신을 검열하며 음악가로서 제자리를 찾으려 하고 있습니다. 참 어려운 길이에요. 자기도 모르게 내면화된 세상의 요구에 맞서는 일이니까요. 그래서 저는 이제 여성이 만든 음악에 좀 더 호의적이 되었습니다. 모든 여성 음악가를 응원하게 되었습니다. 세상의 편견과 억압에 맞서려면 존재하는 것만으로도 응원을 받는 절대적인 지지가 필요합니다.[15]

이 솔직하고 따뜻한 글에서 '음악가'를 '아이돌'이나 '연예인'으로, 혹은 어떤 직업으로 바꾸어 읽더라도 의미는 크게 달라지지 않을 것이다. 나 역시 페미니스트로서의 자신에 대해 고민하며 살게 된 뒤 겪은 가장 큰 변화는 다른 여성들에게 훨씬 너그러워졌다는 점이다. 혹여 부정적인 감정을 느끼더라도 그것이 타당한 비판이 될 수 있는지 좀 더 고민하고, 나의 선입견을 공론장에 퍼뜨리지 않으며, 여성들을 향한 이중 잣대와 부당한 비난에 함께 맞서려 노력한다. 다른 여성들을 이유 없이 미워하지 않게 됨으로써, 내 일상은 훨씬 편안하고 자유로워졌다.

여자가 예능에서
피해야 할 7가지

연예인은 누구나 구설수에 오를 수 있다. 그런데 여성 연예인은 아주 작은, 혹은 아무것도 아닌 일로도 더 쉽게 '논란'의 대상이 된다. 온라인 커뮤니티와 포털 사이트의 댓글을 '논란'으로 재생산하고 확대하는 것은 연예 매체들의 몫이다.

"여자 연예인이 욕먹지 않고 할 수 있는 건 그나마 패션 뷰티 프로그램이다. 하지만 거기서도 자칫하면 잘난 척한다고 욕을 먹는다."

연예 기획사 관계자 A씨는 말했다. 점점 더 촘촘해지고 어디서 던져질지 짐작도 할 수 없는 논란의 그물을 피하기는 어려운 일이다. 그동안의 사례들을 통해, 여성 예능인이 살아남기 위해 일단 피해야 할 일곱 가지를 정리했다.

1. 찍히면 안 된다.

"요즘은 모든 것이 논란이 될 수 있다고 생각한다. 대부분 '논란'의 시작은 다 어처구니없는 일인데, 이상하게 별것 아닌 일이 일파만파 번진다."

방송 프로그램 홍보를 맡고 있는 B씨는 그 대표 사례로 MBC 〈띠동갑내기 과외하기〉 촬영장에서 있었던 이태임과 예원의 말다툼을 들었다. 제작 현장에서 일어날 수 있는 갈등이었지만, 기사가 난 뒤로는 젊은 여성 연예인 간의 욕설과 '기 싸움'이라는 면에서 뜨거운 화제가 되었고, 현장 동영상이 공개되며 불길에 기름을 부었다. 각각의 인물에 감정이입하고, 다른 상황을 대입하며, 발언의 뉘앙스를 자의적으로 해석해 비난하는 목소리가 끊이지 않았다. 프로그램에서 하차한 이태임은 자숙 기간을 가졌고 예원은 이미지에 큰 타격을 입었지만, 예능 프로그램과 광고에서는 유행어처럼 신나게 두 사람의 사건을 소비했다. 온라인 커뮤니티에서는 여전히 누가 먼저, 혹은 누가 더 잘못했느냐에 대한 논쟁이 벌어진다. 그런데 처음으로 돌아가서, 이것이 정말 그렇게 큰 문제였을까?

2. 거절하면 안 된다.

2013년 〈황금어장〉 '라디오스타'에 카라가 출연했을 때, 멤버

강지영은 갑자기 "애교를 보여달라"는 MC들의 성화에 난색을 표하다가 눈물을 쏟았다. 걸 그룹 멤버에게 애교나 섹시 댄스를 요구하는 것은 예능의 흔한 관습이지만, 연상의 남성 MC들과 어린 여성 게스트 사이의 권력 구도가 뚜렷하게 드러나는 상황에서 순간적으로 감정을 숨기지 못하는 바람에 비난받은 것은 강지영이었다. "일본에서는 잘하더니 왜 한국에선 못 한다는 거냐", "뜨고 나서 변했다", "프로 의식이 부족하다" 등의 댓글이 쏟아졌고, 일부 매체에서는 강지영이 과거 다른 프로그램에서는 기꺼이 애교를 보여주었다며 '달라진' 태도를 강조했다. 이후로도 '라디오스타'는 다른 여성 게스트들에게 애교를 요구할 때 "강지영 헌정"이라는 자막을 띄웠고, 매체들은 강지영이나 김구라에 관한 새로운 이슈가 생길 때마다 이 에피소드를 '재조명'해 기사화했다. 그리고 강지영은 그때마다 다시 비난받는다.

3. 하란다고 하면 안 된다.

'라디오스타'에 출연한 AOA의 지민과 몬스타엑스의 주헌은 MC들의 요청에 따라 '랩 배틀'을 선보였다. "솔직히 나는 아이돌로선 팬. 그러나 랩은 잘 못해. 그 랩은 〈언프리티 랩스타〉 빨"이라는 주헌에게, 지민 역시 랩으로 응수해 "아이돌로서도 인정 못하겠다"며 받아쳤다. 가벼운 갈등과 대결 구도를 만드는 것 역시 예능의 방식이고, 출연자는 일시적으로 그 콘셉트를 소화할 수밖에 없지만 어린 여성 연예인들은 사소한 언행이나 순간의 표정까지 엄격한 잣대로 재단된다. 한 매체는 과거 Mnet 〈언프리티 랩스타〉에서 자신을 도발한 상대에게 '손가락 욕'을 했던 지민이 이번에는 쿨하지 못했다며 래퍼의 자질이 의심스럽다고 비판했고, 또 다른 매체는 '뒤끝 작렬'이라고 표현했다. 얌전히 있으면 병풍이 되고, 적극적으로 나서면 트러블메이커가 되는 구조에서 '태도 논란'을 피해 가기란 여간 어려운 일이 아니다.

4. 자신을 많이 드러내선 안 된다.

tvN 〈삼시세끼〉는 느긋하고 편안한 분위기의 프로그램이다. 매끼 밥을 해 먹고 농사일을 하고 두런두런 이야기를 나누는 게 전부다. 그러나 〈삼시세끼 정선 편〉에 출연했던 김하늘은 괜한 논란에 휘말렸다. 서투른 요리 실력으로 옹심이라는 메뉴를 고집하다가 맛이 의심스러운 음식을 만들어내는 과정에서 이서진 등 '옥순봉 식구들'과 티격태격하는 모습을 보였기 때문이었다. 요리에 능숙한 다른 여성 게스트들과 달리 기초가 부족하면서도 자신감을 드러내고 엉뚱한 고집을 부렸다는 데서 호불호가 갈렸다. 그러나 출연자가 자신의 성격을 어느 정도 드러내고 예상을 벗어나는 행동으로 좌충우돌하는 것은 예능에서 재미를 획득하는 과정의 일부다. 어떻게 봐도 '논란'이라 할 수 없는 이 에피소드는, 그러나 김하늘의 열애 소식과 함께 다시 "과거 태도 논란"이라는 제목으로 기사화되었다.

5. 못 먹어도 안 되고, 너무 잘 먹어도 안 된다.

걸스데이의 혜리는 MBC 〈일밤〉 '진짜 사나이' 여군특집 1기에서 커다란 상추쌈을 바쁘게 입에 밀어 넣는 '먹방'으로 화제가 되었고, 이후 애교스러운 모습을 보이며 연타를 쳤다. 예쁘고 날씬한데 무엇이든 잘 먹는 아이돌이라는 이미지로 '대세'가 된 것이다. 그러나 여군특집 2기 멤버가 된 에이핑크의 보미는 원래 먹는 걸 좋아하고 잘 먹음에도 불구하고 언론에서 붙인 "제2의 혜리", "먹방 콘셉트"라는 수식어로 인해 "작위적이다"라거나 "뜨고 싶어서 오버한다"는 비난을 받기도 했다. 아이러니하게도 걸스데이의 소진은 컴백을 앞두고 출연한 인터넷 방송 〈최군 TV〉에서 진행자 최군이 준비한 만두를 여러 차례 거절한 것으로 '태도 논란'에 휘말렸다. 언제나, 무엇이든 잘 먹어야 한다. 하지만 '가식적으로' 먹거나 '잘 먹는 척'하면 안 된다. 물론 살이 쪄서도 안 된다.

6. 성에 대해 말하면 안 된다.

2014년, 이효리, 문소리, 홍진경 등 세 명의 여성 MC가 다양한 사회적 이슈에 대해 이야기하는 프로그램 SBS 〈매직아이〉가 야심 차게 등장했다. 이효리는 '데이트폭력'을 주제로 한 파일럿에서 피임 기구 사용을 거부하는 남성들을 비판하는 대목에 이르러 '정상적이지 않은 피임법'에 대해 에둘러 말하는 이적을 향해 "질외 사정이요?"라고 되물었다. 그리고 "이런 얘기를 이상하게 생각하면 안 돼요. 과학용어예요"라고 덧붙였다. 그의 말대로 이 발언은 '음란한' 의미가 아니었지만, 남성 연예인들이 토크쇼에서 이러한 피임법을 장난스럽게 이야기했을 때와 달리 성에 대해 직설적으로 언급했다는 것만으로 논란이 되었다. 포털 사이트에서는 "방송에서 어떻게 저런 말을 할 수 있냐", "더럽다" 등의 댓글이 가장 많은 추천을 받기도 했다. 〈매직아이〉는 낮은 시청률로 고전하다가 6개월 만에 폐지되었다. SBS 예능국의 한 PD는 "대중은 이효리가 〈일요일이 좋다〉 '패밀리가 떴다'에서 했던 것처럼 뛰어놀고 웃겨주기를 바라지, 그가 똑똑하게 자기 생각 말하는 걸 보고 싶어하지 않는 것 같다"고 말했다.

7. 돈에 대해 말하면 안 된다.

JTBC 〈김제동의 톡투유: 걱정 말아요 그대〉에서 "돈이 없어 데이트할 때 갈등을 겪는다"는 한 관객의 사연에, 요조는 20대 때 사귀었던 남자 친구의 집안 사정이 어려워지면서 가장 싼 식당을 찾고 자판기 커피를 마시며 돈을 아껴야 했다는 경험담을 털어놓았다. 그리고 "그런데 그것도 한두 번이 낭만이지 계속되니 한숨이 나왔다"는 말로 상대의 고충에 공감했다. 그러나 방송 내용이 기사화되자 "네가 내지 왜 빌붙어 놓고 그러느냐", "남자가 돈 없다고 욕하는 거냐"를 비롯한 악플이 상당수 쏟아졌다. 결국 요조는 자신의 트위터에 "제가 안 냈겠습니까. 그 친구랑 10년 동안 만날 이유도 없었겠죠. 그렇다고 힘들었다는 것을 부정하고 싶지 않습니다. 사랑해서 행복했지만 힘들었습니다"라고 설명한 데 이어, 자신이 순식간에 '남자한테 빌어먹고 사는 여자'로 취급당한 데 대한 불쾌함을 토로했다. 데이트 비용은 두 사람이 조정하고 합의하면 되는 지극히 사적인 사안일 뿐인데, 이에 대해 이야기했다는 것만으로도 온갖 억측을 비롯해 전혀 상관없는 부분까지 모욕당하는 일이 벌어진다. 한국에서 여성 연예인은 도대체 무엇에 대해 말할 수 있을까.

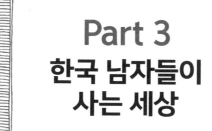

Part 3
한국 남자들이 사는 세상

'아재파탈'이라는 허상

아재01

「명사」

「1」 '아저씨「1」'의 낮춤말.

「2」 '아저씨「2」'의 낮춤말.

「3」 '아저씨「3」'의 낮춤말.

「4」 '아주버니「1」'의 낮춤말.

출처: 국립국어원 표준국어대사전

한국 사회는 정말 남자들의 '보이지 않는' 매력을 귀신같이 발견해 주는 곳이다. '미남'까지는 아니지만 인상이 괜찮다든가 옷을 말끔히 입는 남자들을 통칭하는 '훈남', 빈말로라도 외모를 칭찬하기엔 애매하지만 학벌이 좋거나 말발이 좋은 남자들을 찬양하는 '뇌섹남', 그리고 이 뒤를 이어 등장한 것이 바로 '아재파탈'이라는 단어다.

　'아저씨'의 낮춤말인 '아재'와 '파탈(fatal, 치명적인)'을 합친 '아재파탈'은 2016년 3월 〈TV리포트〉에서 매력적인 40대 남자 배우 조진웅, 지진희, 이서진을 묶어 소개하며 매체에 등장하기 시작한 것으로 보인다. 멜로드라마의 단골 주인공이었고 여전히 댄디한 이미지를 지닌 지진희와 이서진이 40대가 되었다 해서 갑작스레 '아재'의 범주로 소환되는 것은 뜬금없는 일이고, 굳이 따지자면 '아재파탈'의 원형은 tvN 〈시그널〉의 조진웅이라 할 수 있을 것이다. 드라마 속 수많은 남자 주인공들이 훤칠한 꽃미남 외모, '차가운 도시 남자'라 쓰고 아무에게나 막말 퍼붓는 성격, 재벌 2세나 톱스타라는 재력 등의 조건을 갖추고 있던 것과 달리 그가 연기한 형사 이재한은 정의롭고 마음 따뜻하며 사랑 앞에 수줍어하는 등 귀여운 구석도 있는 남자였다. 즉 미남은 아니지만 건장한 체격과 섬세한 연기, 작품 안팎에서의 호감 가는 캐릭터 등 다양한 맥락이 맞아떨어지며 '아재'가 '치명적인' 매력을 지닌 남자로 받아들여진 것이다. '아저씨'라는 단어가 원빈을 만나며 다르게 들렸던 것처럼.

그러나 시작은 조진웅이었으되 그 끝은 아무나가 된 지 오래다. 포털 사이트에서 기사를 검색해 보면 안재욱, 박신양, 이성민, 윤상현 등 드라마 주연을 맡은 40대 남자 배우는 일단 '아재파탈'이 될 수 있다. 물론 연기자가 아닌 안정환도, 30대 중반의 비도 '아재파탈'이라 불린다. tvN 〈명단공개〉는 '아재파탈 스타'로 정우성, 조진웅, 에릭, 하정우, 황정민, 은지원, 유지태, 진구를 뽑으며 혼란을 더욱 가중했다. 정우성에게 어울리는 수식어는 '아재'가 아니라 '세기의 미남'이라는 사실을, 어떻게 이렇게 외면할 수가 있나! 게다가 하정우가 특유의 야성미를 지닌 배우고, 에릭과 은지원이 원래 잘생긴 아이돌로 데뷔해 활동해 왔듯 이들의 매력을 대표하는 키워드도 '아재'가 아니다.

김흥국, 이연복, 설운도가 '아재파탈' 열풍의 주역으로 불리고, 자신보다 열 살 이상 어린 여성과 교제하는 남성 연예인들도 '아재파탈'의 자격을 얻는 지금, 35세 이상의 한국 남자 연예인이라면 아무나 '아재파탈'의 반열에 오를 수 있다. TV조선 〈호박씨〉는 성별을 제외하면 공통점이라고는 찾을 수 없는 이영하, 석주일, 한석준을 초대해 '아재파탈 특집'을 방송했다. 심지어 남자가 아니라 '수컷'이기만 해도 된다. 한 매체는 영화 〈정글북〉의 흑표범 바기라(벤 킹슬리 목소리 분)를 '중후한 아재파탈'이라고 설명했다.

'아재파탈' 열풍을 주입하고 확산시키는 매체들은 여성들이 '오빠'보다 멋진 40대 남성들의 '아재미(美)'에 홀딱 빠졌다고 분석한다. 이들의 비교 대상은 대개 KBS2 〈태양의 후예〉의 송중기며, "다정하고 어른스러운 매력을 가진 중·장년 남성을 '아재파탈'이라고 부르기도 한다"[1]는 주장처럼 요즘 여성들이 꽃미남보다 연륜 있고 성숙한 '아재'를 좋아하는 새로운 현상이 발생한 것처럼 이야기한다.

그러나 원래 여성들에게 인기 있었던 미남과 섹시한 남성 스타들, 연기력이 탄탄한 중년 배우들을 모조리 '아재파탈'의 카테고리에 욱여넣으며 그들의 인기가 '아재'의 승리인 양 포장하는 것은 어불성설이다. 드라마 속 상대 여배우들과 적게는 열네 살에서 많게는 스물두 살까지 차이 나는 남자 배우들에 대해 "아재들은 듬직하고 신중하고 어디서든 나를 지켜줄 것 같은 매력으로 시청률까지 꽉 잡았다"[2]고 찬사하는 것도 민망하긴 마찬가지다. 이는 그들이 삼촌과 조카뻘의 나이 차를 '극복'한 것이 아니라, 30~40대 남성들이 대부분 드라마의 주연을 맡음에도 불구하고 그들과 비슷한 또래의 여배우들에게는 그만한 비중의 배역이 주어지지 않는 현실을 드러낼 뿐이다. 여성 연예인에 대한 기준이 10대부터 50대까지 일관되게 외모인 반면(포털 사이트 메인에 지겹게 오르내리는 "물오른 청순 미모", "애엄마 맞아?",

"20대도 울고 갈 몸매" 등의 포토 뉴스 제목을 보라), 남자는 나이를 먹어도, 미모가 빼어나지 않아도, 상식이 부족해도 비난받거나 시장에서 쉽게 밀려나지 않는다.

그러니 아재 개그의 유행과 드라마 속 '아재파탈'의 인기에 "이 배우들은 드라마 속에서 상대를 배려하고 인내하면서도 여유 있는 유머를 구사하는 품격을 보여준다. 철없는 연하남이나 상처 많은 재벌 2세 캐릭터가 지겨워진 여성 시청자들이 열렬한 지지를 보낸다는 분석이 나온다. 언제부터 아재가 이렇게 대중적인 사랑을 받았나"[3]라며 감개무량해하는 외침에 대한 답은? "그런 적 없다".

억지웃음을 지으며 견뎌내야 하는 현실 속 상급자의 아재 개그와 달리, TV 속 아재 개그는 시청자들의 솔직한 야유와 함께 완성되기 때문에 웃어넘길 수 있는 것이다. 드라마 속 '아재파탈'은 '아재'라서 매력적인 것이 아니라 원래 스타였던 남자 배우들이 나이를 먹어서도 매력적인 역할을 부여받은 것뿐이다.

사회적 강자의 입장에서 무례하게 행동하거나 불쾌감을 주는 중년 남성을 가리키는 '개저씨'에 대한 비판이 거세지자 그 대립 항에 은근슬쩍 '아재'를 놓고 부정적인 뉘앙스를 탈색한 뒤 서툴거나 측은하거나 귀여운 이미지를 전유하려 했던 '아재'

들. 이들이 인정하든 않든, '아재'는 예나 지금이나 '여심'을 저격하는 존재가 아니다. 그러나 유독 중·장년 남성들에게만 관대하게 다양성을 인정하고 장점으로 치환해 치켜세우는 풍토에서 '아재파탈'이라는 수식어는 끝없이 오·남용되며 나이 든 남자들의 매력 자본을 한층 더 공고하게 쌓아 올림으로써 불균형을 지속시킨다. 이제는 분명 믿고 걸러도 될 키워드다.

아재가 지배하는
예능에서 벌어지는 일들

이 많은 아재들은 누가 다 데려왔을까. 최근 몇 년 사이 심화된 예능계 남초 현상 중에서도 눈에 띄는 것은 중년 이상의 나이 든 남성들이 포진한 '아재 예능' 바람이다. '아재파탈'을 비롯해 유아나 젊은 여성들에게 '아재 같다'는 수식어를 닥치는 대로 붙이며 본래 의미를 뒤집어버린 언론·방송계 종사자들 덕분에 나이 들어서도 트렌디한 존재가 된, 그리고 끈끈한 인맥으로 서로를 끌어주는 '아재'들은 머릿수로나 영향력으로나 예능 전반을 장악했다. 그러나 그들의 서클 안에 들어 있지 못한 여성이나 나이 어린 사람, 비혼자 들은 어쩌다 그 세계에 초대되더라도 미숙하거나 이질적인 존재로 취급되고 무례한 대접을 받기 일쑤다.

결혼을 인생의 무덤이자 고생의 시작으로 취급하는 농담은 기혼 남성 연예인들 사이에서 뿌리 깊은 패턴으로 자리 잡았다. 〈냉장고를 부탁해〉에서 결혼을 앞둔 이찬오 셰프에게 정형돈은 "축하할 일입니까?"라고, 김성주는 "이 시간이 다시 돌아오지 않는다"라며 놀렸고, 결혼한 지 오래됐지만 "아직도 여자 친구랑 사는 느낌"이라는 최현석 셰프에게는 야유가 쏟아졌다. 반면 "히말라야 등정하는 기분"이라는 이연복 셰프의 표현에는 "솔직하다"는 호응이 따랐고, 결국 최현석이 '대세'를 따라 이찬오에게 "얼마나 갈 것 같니?"라고 묻고서야 '남자들만의 공감 토크'는 폭소로 마무리되었다. 성인으로서 스스로 선택한 삶의 방식임에도 결혼 그 자체를 억압과 손해로 여기며 부정적인 태도를 보임으로써 '남자다움'을 증명하는 것은 '같은 편'인 남성들끼리의 연대를 확인하며 웃음 속에 죄책감을 희석한 채 퍼져 나간다. 〈나 혼자 산다〉에서 육중완은 결혼을 앞둔 기분에 대해 "돈을 벌어야 된다는 책임감에 가슴속이 묵직해지고, 약간 과장하면 군 입대할 때 기분이랑 똑같다"고 답한 데 이어 "군대는 2년이면 제대인데……"라고 덧붙였다. 불과 6개월 전, 결혼 상대에게 자신의 집에서 1년에 제사를 열네 번 지낸다는 것을 말하지 않았다며 "비밀이다, 말하면 결혼 못한다"던 그다.

SBS 〈자기야 백년손님〉에서 성대현은 남자로서의 로망을 "남자로 태어났으면 밥상은 한번 엎어봐야 한다고 생각한다"고 말했다. 함께 출연한 이천수는 결혼 초반까지 현역이라 수입이 좋았던 자신이 '갑'이었지만 은퇴를 하자 갑을 관계가 바뀌어 "눈치를 보고 청소도 한다"고 말했다. 이천수 부부가 그렇듯 맞벌이 가구 비율과 기혼 여성들의 생계형 취업은 계속 증가하고 있지만, 많은 예능에서는 여전히 '가장으로서의 남성'을 치켜세우는 동시에 그들이 '집에 있는' 배우자에게 제대로 대접받지 못하고 바가지를 긁히며 사는 것처럼 그린다.

'아내의 동의 따윈 필요 없다'는 모토 아래 남성 시청자의 의뢰를 받아 집의 일부를 개조해 주는 XTM 〈수컷의 방을 사수하라〉는 "세상 살다 보면 가정도 힘들지만 사회생활도 힘들다", "맥주 한잔 마시는 걸로 아내분들이 눈치 주는 건 좀 그렇다"는 멘트들을 통해 남성을 '아내와 아이들을 위해 힘들게 일하면서 자기 공간 하나 갖지 못하는 약자'로 포지셔닝한다. 그들이 가족 모두의 공간에 실내 야구장, 격투기용 케이지, 남성 전용 화장실을 설치하며 의기양양해하는 동안 '남편을 이해해 주지 않는 무서운 어른'으로 취급되던 아내는 뒤늦게 화를 내거나 황당해하지만, 이미 상황은 끝난 뒤다. 아내를 동등한 파트너로, 혹은 진짜 무서운 상대로라도 여긴다면 그럴 수 있을까.

예능의 대세가 된 '먹방'과 '쿡방'에서도 여성은 대개 보조역이나 눈요기 대상이다. SBS 〈일요일이 좋다〉 '백종원의 3대천왕'은 맛집 주인들이 출연해 직접 요리를 하고 '백설명' 백종원과 '먹선수' 김준현이 토크를 이끄는 맛 중심 예능이었다. 그러나 제작진은 2016년 1월 "젊은 여성의 입맛을 대표하는 MC가 필요했다"며 '먹요정' 하니를 MC로 합류시키면서 아이돌 패널 비중도 늘렸다. 걸 그룹이나 이수민 등 어린 여성 출연자들이 주를 이루는 가운데 이들은 맥락 없이 춤이나 상황극 등 개인기를 선보이며 시식 기회를 얻고, 여기에 "걸 그룹이 저래도 되냐", "내숭 없는 폭풍 먹방" 같은 호들갑이 관성처럼 따라붙는다.

아름다운 여성에 대한 찬사는 희롱의 경계를 오간다. 〈냉장고를 부탁해〉 현아 편에서 김성주는 "혹시 남정네들이 (냉장고) 문을 열어본 적이 있나요?"라고 물었고 아니라는 답변에 흐뭇해한 안정환은 "한번 안아볼까?" 하며 냉장고를 끌어안았다. 냉장고를 공개하는 건 속을 보여주는 것 같아 부끄럽다는 현아의 말에는 "은밀히 감춰왔던 속살을 드러내는 느낌"처럼 성적인 뉘앙스를 담은 자막이 씌워졌다.

특정 여성을 대상화하지 않더라도 여성은 흔히 '먹을 것'에 비유된다. tvN 〈수요미식회〉 막국수 편에서는 "한복을 곱게 차려입은 아름다운 여인 같아 차마 옷고름을 풀 수 없다"와 같은 표현이 등장했고, 발언 당사자로 지목된 이현우는 보기 좋게 차려진 막국수를 먹은 것에 대해 "범했다"고 말했으며 제작진은 이를 편집하는 대신 자막에 호랑이 CG를 넣는 것으로 '장난스럽게' 장단을 맞췄다.

〈황금어장〉 '라디오스타'에서 애교를 요구받은 강지영이 눈물을 보인 지 4년이 지났지만 여성 출연자에게 애교를 맡겨놓은 듯 보여달라는 분위기는 여전하고, 인지도를 높여야 하는 신인 입장에서 애교는 생존을 위한 필수 기술이 되었다. 2016년 '라디오스타'에 출연한 레드벨벳의 슬기는 자신이 원래 애교가 많은 편이 아니라면서도 준비해 온 애교 개인기를 선보였고, MC들은 함께 출연한 그레이에게 '곡을 달라'는 애교를 부려보라고 요청했다. 톱스타라 해도 애교 노동을 피해 갈 수는 없다. 2014년 SBS 〈연기대상〉 MC 이휘재는 전지현에게 "남편한테 하는 애교가 있다면 보여달라. 간단하게, '여봉'이라도 해달라"고 부탁했고, 한참 곤란해하던 전지현은 카메라를 향해 애교 섞인 한마디를 남겼다.

이렇게 애교를 요구받았을 때 수행하지 않는 여성은 '방송의 룰'을 따르지 않는 사람으로 취급된다. '라디오스타'에 출연한 제시에게 윤종신은 "김구라 씨가 MBC 〈세바퀴〉에서 아주 골치 아팠다고 하더라"는 말을 전했고, 제시는 "저도 그때 애교를 계속 부탁해서 열받았다"고 받아쳤다. 이에 김구라가 "대본에 있고 위에서 자꾸 시켜서 그런 것"이라 말하자 제시는 "애교를 계속 안 했더니 저한테 '시키는 건 해야지'라며 화내더라"고 덧붙였다. MC의 문제든 '위'의 문제든, 무례할 뿐 아니라 진부하기 짝이 없는 방식으로 만들어지는 예능을 언제까지 봐야 할까.

나이 들거나 예쁘지 않은 여성들이 메이저 예능에서 밀려나 사라지고, '홍일점'으로 간신히 끼게 된 젊은 여성들마저 짝짓기에 대한 집단적 집착 속에서 '누군가의 연애 대상'이라는 롤을 억지로 떠맡아 수행해야 하는 상황 또한 반복된다. 〈일요일이 좋다〉'런닝맨'의 송지효는 '월요커플'을 중심으로 프로그램 안에서 소비되었고, 유이는 〈무한도전〉에 갑자기 불려가 광희와의 만남을 강요받았으며, 〈해피투게더 3〉에서 독특하고 솔직한 캐릭터로 주목받았던 엄현경은 기안84의 등장 이후 끊임없이 '구애받는 대상'으로 끌어내려졌다. 심지어 그 구애가 아무리 무례하고 무성의하더라도 자신보다 훨씬 경력이 긴 연장자 남성 동료들과 제작진의 한껏 신이 난 바람잡이 앞에 '흥'을 깰 수 없는 위치의 어린 여성은 웃으며 견뎌야 하는 상황.

2017년에도 한국 예능은, 어쩌면 한국 사회는 그러고 있다.

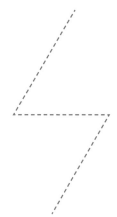

한 번으로 끝내는
예능 자막 만능 단어 7

리얼 버라이어티에 평균 3초당 한 번씩 새로운 자막이 등장하는 시대다. 쉴 새 없이 쏟아지는 텍스트에 제작진은 물론 시청자도 피로를 느끼기 쉽다. 그러나 다수의 최신 예능 프로그램들을 분석해 사례와 용법을 정리한 다음의 일곱 단어만 알고 있으면 자막을 만들기도, 자막을 이해하기도 훨씬 수월해질 것이다. 아무 때나 아무 데나 아무에게나 쓸 수 있는 마법의 단어들!

걸크러시

적용 1 요즘 잘나가는 여자를 소개할 때

적용 2 오늘의 여자 게스트가 나왔을 때

'여성이 다른 여성을 선망하거나 동경하는 마음 또는 그런 현상'이라는 본래의 의미나 '걸크러시'라는 단어에 담긴 성소수자혐오적 맥락은 예능에서 아무도 신경 쓰지 않는다. 〈무한도전〉에서 하하는 "팜므파탈 같은 거 아니냐"고 말했다가 비웃음을 샀지만, KBS2 〈우리동네 예체능〉에서 "호동 잡는 걸크러시 시영"이라고 쓴 걸 보면 그냥 '어떤…… 여자'를 칭하는 말이다. MBC 〈듀엣가요제〉는 마마무의 솔라를 소개하며 "솔라 등장에 요동치는 남심"에 이어 "걸크러시 일으키는 대세 아이돌"이라고 설명했다. "걸크러시 매력", "걸크러시 유발자", "깨져버린 걸크러시" 등 형용사인지 명사인지도 상관없고, 누가 누구에게 느끼는 어떤 감정인지도 알 바 아니다. '숙크러시'라는 파생어를 획득한 김숙에 이어 '걸크러시'의 대명사가 된 김연경이 출연한 〈나 혼자 산다〉에서는 팩을 하는 김연경에 대해 "걸크러시 연경의 귀여운 반전 매력"을 포함, '걸크러시'가 들어간 자막만 10회 이상 등장했다. 예능은 아니지만, 얼마 전 영화 전문 케이블 채널 수퍼액션에서 "걸크러시 히어로"라는 자막과 함께 〈아이언맨 2〉를 방영하는 것을 보았다. 나는 이해하기를 포기했다.

센 언니

적용 1 '걸크러시'와 바꿔 쓸 말이 필요할 때

적용 2 만만하지 않은 여자 연예인이 나왔을 때

라미란, 서인영, 화요비, 가인, 유빈, 길건, 박나래, 장도연, 치타, 제시, 솔비, 미나, 채연, 이지혜, 서인영, 채리나, 유리, 백지영, 솔라, 예지. 예능에서 '센 언니'로 불리는 데는 복잡한 검증 절차가 필요하지 않다. 래퍼이거나, 아이라인을 진하게 그리거나, 태닝을 했거나, 섹시 콘셉트로 활동했거나, 30세 이상이거나, 걸 그룹 멤버가 아니거나, 데뷔한 지 10년 이상이 지났거나, 사투리 억양이 강하거나, 목소리가 크거나, 시키지 않아도 나서서 웃기거나, 19금 농담을 태연히 던지거나, 이 가운데 한두 가지만 해당되면 '센 언니' 인증 자막이 붙는다. 즉 긴장하거나 수줍어하는 모습을 보이지 않고 애교와 거리가 멀며 자신의 감정과 생각을 직설적으로 표현하는 여자 연예인 누구에게나 사용할 수 있는 활용도 높은 자막인 것이다.

천생 여자

적용 1 '걸크러시'의 반전 매력을 보여줄 때

적용 2 '센 언니'의 반전 매력을 보여줄 때

'걸크러시'나 '센 언니'는 필연적으로 '천생 여자'가 되어야 하

는 것이 예능의 법칙이다. 쇼트커트 헤어스타일에 바지를 주로 입으며 농구를 좋아하는 f(x)의 엠버는 끈질긴 '천생 여자 만들기'의 최대 피해자로, 바느질만 잘해도 '천생 여자', 친구에게 배려심만 보여도 '천생 여자', 집에서 설거지만 해도 '천생 여자'라 불려왔다. 방을 잘 정리해 꾸며놓았거나, 가족 이야기를 하며 눈물짓거나, 연애 사실이 공개되는 바람에 조심스레 연인에 대해 언급하는 등 여성이 사적인 공간을 공개하고 개인적인 영역을 드러내는 순간 '천생 여자'라는 자막은 자동 반사적으로 붙곤 하는데, 특히 그전까지 강하고 뛰어나고 냉철한 면모를 보였던 여성일수록 호들갑스럽게 '알고 보면 천생 여자'로 포장할 수 있다. '센 언니'와 '걸크러시' 외에도 '천생 여자'를 붙이기 쉬운 대상은 유아다. SBS 〈오! 마이 베이비〉가 방송 당시 세 살이었던 슈의 두 딸이 매니큐어를 바르며 논 다음 잘 정리해 놓는 모습에 "우리 라둥이 천생 여자랍니다"라고 기특해한 것처럼.

브로맨스

적용 1 친한 남자 두 명이 같이 있을 때

적용 2 남자 두 명이 같이 있을 때

'걸크러시'와 마찬가지로, '남성 간의 애틋한 감정이나 관계를 뜻하는, 브라더(brother)와 로맨스(romance)를 합친 신조어'라는 본래 의미는 그냥 잊어버리자. 지금 한국 예능에서 '브로맨스'는 친구, 콤비, 사제, 지인 등 두 남자 간의 이런저런 관계와 상황을 모두 대체한다. 오래 알고 지냈으면 당연히 브로맨스, 초면이라 어색하면 설레는 브로맨스, 우호적으로 웃으며 대화를 나누면 둘만의 브로맨스, 같은 작품에 출연하면 공식 브로맨스 커플, 스킨십이라도 하면 꽃잎이 날리는 효과 및 감미로운 BGM과 함께 브로맨스다. tvN 〈삼시세끼 어촌 편〉에서 끈끈한 우애를 보여주었던 차승원과 유해진은 그렇다 쳐도, 조세호와 남창희, 이경규와 강호동, 송대관과 태진아까지 시도 때도 없이 '브로맨스'라 칭하는 한국에서, 토니가 동거인 김재덕과의 생활에 대해 이야기할 때 "시도 때도 없는 브로맨스?"라며 끼어드는 자막 정도는 애교인 것이다.

상남자

적용 1 남자가 운동을 할 때
적용 2 남자가 혼자 있을 때

'센 언니'가 그렇듯 예능에서 '상남자' 인증 자막을 받는 데는 다양한 케이스가 있다. 또렷한 복근을 공개하거나, 팔근육을 노출하거나, 근력 운동 하는 모습을 보여주거나, 파워풀한 댄스를 추거나, 공구로 뭔가를 만들거나, 무거운 짐을 들거나, 가상 연애 프로그램에서 진지한 얼굴로 고백 대사를 뱉거나, 가상 연애 파트너에게 질투심 어린 발언을 하면 '상남자'로 불리고, 그에 따른 옵션은 '여심 저격수'다. 이 중 어떤 상황에도 해당되지 않고 아무 맥락 없이 단지 싱글 남성이라는 이유로 붙는 "베스트 오브 베스트 상남자"라는 자막이 의아할 수 있지만, 심지어 '상남자'는 꼭 남자일 필요도 없다는 면에서 진정한 만능 단어라고 할 수 있다. 채널A 〈잘 살아보세〉에서는 기운 세고 일 잘하고 밥 잘 먹는 탈북 여성 량진희를 가리켜 "상남자"와 "머슴녀"라는 자막을 나란히 사용하기도 했다.

아재 입맛

적용 1 유아가 한식을 잘 먹을 때

적용 2 25세 이하의 여성이 한식을 잘 먹을 때

예능에서 '아재파탈', '아재 매력', '아재 브로' 등 온갖 좋거나 혹은 얼토당토않은 것들에까지 '아재'를 붙이기 시작한 것은 최근 1~2년 사이의 급격한 흐름이다. 그중에서도 KBS2 〈슈퍼맨이 돌아왔다〉에 출연하는 이동국의 아들 대박이는 만 2세도 되

지 않은 시점부터 "아재 대박"으로 불려왔는데, 홍삼액, 청국장, 장어꼬리, 추어탕을 먹을 때마다 "아재 입맛"이라는 자막이 끝없이 등장한다. '먹방' 프로그램에 출연한 걸 그룹 멤버들을 비롯해 한식을 좋아하는 젊은 여성들을 신기해하는 동시에 기특해하는 프레임 역시 '아재 입맛'이다. 〈수요미식회〉에서 MC 전현무가 스물한 살이라는 이하이더러 "정말 초딩 입맛이겠네요", 그런데 생고기를 좋아한다니까 "어머님 입맛이네요", 그중에서도 육사시미를 좋아한다니까 "아재 입맛이네요"라고 차례로 말을 바꾼 것은 상징적이다. 젊은 여성은 전통적인 한식을 좋아해도 아재, 걸걸한 목소리를 내도 아재, 호탕하게 웃어도 아재, 다리를 벌리고 앉아도 '아재 ○○'이 되는데, 이때 어우러지기 좋은 자막은 "의외의"나 "반전 매력"이다.

장난장난

적용 1 잘못했지만 그냥 넘어가고 싶을 때

적용 2 맞는 말이지만 그냥 넘어가고 싶을 때

리얼 버라이어티 전성시대 이후, "미안미안", "지긋지긋", "오글오글" 등 출연자의 속내와 기분을 규정하고 평가까지 하는 등 전지적 제작진 시점을 담아 쏟아지는 자막들은 시청자가 상황을 스스로 해석할 겨를을 주지 않는다. 그중에서도 출연자가 다른 출연자를 향해 "남자 못 만날 것 같더니" 같은 무례한 말을 했을 때, "안 웃겨" 등 면박을 줬을 때, 때리려는 포즈를 취했을 때, 자신보다 어린 출연자에게 강압적인 언행을 보였을 때, 인신공격성 농담을 던졌을 때 등 갈등이나 논란이 발생하려는 여지가 보이자마자 잽싸게 차단해 버리는 궁극의 기술이 바로 "장난장난" 혹은 "농담농담"이다. 반대로 상대의 잘못이나 문제점을 대충 넘기지 않고 정색하거나 지적하는 출연자의 진심이 담긴 멘트를 흐릿하게 만들어 웃어넘기도록 권장하는 것 역시 "장난장난"과 "농담농담"이니, 이것이야말로 한국 예능의 '리얼'을 필터링하는 마법의 자막인 것이다.

남자의 이야기 속 강간 피해자는 어디로 가는가

한 여성이 강간당한다. 이 사건으로 주인공의 인생은 크게 바뀐다. 〈더 킹〉의 검사 박태수(조인성 분)는 제자를 성폭행한 교사 송백호(오대환 분)가 턱없이 적은 합의금에 풀려나게 된 데 분개해 증언과 증거를 확충하고 구속영장을 신청한다. 하지만 그는 사건을 무마해 달라는 청탁과 함께 검찰 권력의 중추인 전략부 스카우트 제안이 들어오자 합의금을 10배 올리는 대신 기소를 포기한다. 〈조작된 도시〉의 백수 청년 권유(지창욱 분)는 하루아침에 여고생 강간 살해범이라는 누명을 쓰고 중형을 선고받는다. 그는 자신을 믿는 어머니(김호정 분)를 위해, 그리고 교도소 내에서 자신을 공격하는 마덕수(김상호 분)에게서 살아남기 위해 싸움을 준비한다. 한 사람은 권력을, 한 사람은 진실을 좇는 두 남자의 이야기는 각각 그렇게 시작된다. 하지만 강간당한 피해자, 그 여성에게는 다음 장이 없다.

〈더 킹〉의 피해자 지민(신류진 분)은 최악의 상황에 갇혀 있다. 미성년자인 그의 유일한 보호자는 노점상을 하며 간신히 생계를 꾸리는 지체장애인 엄마(소희정 분)뿐이다. 가해자 처벌을 약속했던 박태수의 변심은 강간과 폭행에 시달리던 피해자 앞에 또다시 가해자를 풀어놓는 것을 의미한다. 실제로 박태수의 상사 한강식(정우성 분)을 등에 업고 기세등등해진 송백호는 박태수 앞에서 피해자에 대한 음담패설을 늘어놓으며 재범을 예고한다. 그러자 영화는 갑자기 박태수의 '고향친구'인 최두일(류준열 분)을 등장시켜 박태수를 대신해 송백호를 구타하게 하고, 그의 고환이 파열되었다는 후일담을 통쾌한 듯 전한다. 피해자가 원한 사법적 정의 구현에는 눈감았지만 성범죄자를 '고자'로 만들어 응징했다는 '사이다' 서사는, 박태수가 얼마나 파렴치한 행각에 동조했는지 흐릿하게 만들며 그의 죄의식과 관객의 찜찜함을 덜어준다.

〈조작된 도시〉의 피해자는 이름조차 기억하기 힘들 만큼 희미한 존재다. 영화는 '폭력적인 게임에 중독되어 잔혹한 범죄를 저질렀다고 누명을 쓴 청년'의 억울함을 호소하기 위해 언론의 선정적 보도를 믿는 대중의 우매함을 강조한다. '여성이 안전하게 사는 세상'을 지향하는 모임의 대표 격으로 방송에 출연한 젊은 여성은 흥분해 극단적인 발언을 내뱉는 인물로 우스꽝스럽게 그려지고, 사건에 분노한 시민들은 거리에 나와 아들의 누명을 벗기려 노력하는 권유의 어머니를 모독하는 냉담한 사람들이다. 이후 관객이 피해자에 대해 알 수 있는 정보는 그가 늦은 시간까지 클럽에서 놀다 만난 남자를 경계심 없이 따라 나갔다가 강간·살해당했다는, 즉 순수하고 무고한 피해자상에서 벗어난 인물이었다는 것뿐이다. 영화 마지막에 진범은 국회의원의 아들, 즉 '거악'의 일부인 부유한 권력층이었다는 사실이 폭로되면서 이 이야기에서 '진짜' 피해자의 자리는 권유의 몫이 된다.

비슷한 시기에 개봉한 두 편의 영화를 보고 나는 무척 혼란스러웠다. 그러니까 그 후로 지민은 어떻게 되었을까? 5천만 원이라는 합의금이, 성폭행범을 법정에 세우지 못한 데 대한 충분한 대가가 되었을까? 아니, 여기서 무엇이 '충분하다'고 할 수 있을까? 또 〈더 킹〉에서 한강식이 펼치는 여론전의 도구로 쓰인 섹스 비디오 속 여배우 차미련(이주연 분)은 어떻게 되었을까? 비슷한 범죄로 피해를 입었던 여성 연예인들이 그랬듯, 피해자면서도 대중 앞에서 울며 사죄하고 커리어에 타격을 입어 사라졌을까? 그와 주변인들이 겪은 고통은 누가 책임졌을까? 아니, 영상을 촬영하고 유포한 이들은 조금의 가책이라도 느꼈을까? 〈조작된 도시〉에서 권유를 돕는 해커 여울(심은경 분)은 자신과 비슷한 또래의 여성이 당한 두 차례의 강간과 십수차례의 흉기 난도질을 생생한 동작의 애니메이션으로 재현하는 것이 고통스럽지 않았을까? 또 악당 중 하나인 여성과 통화하며 시간을 끌기 위해 "배때지에 내장을 다 긁어놔 벌라, 이 개년아. 외로운 사람끼리 한 번 하자는데 드럽게 지랄이네. 씨발. 에이 쒸발, 너 흥분했냐? 내 욕 듣고? 이 변태년아!"라는 욕설을 퍼붓는 게 아무렇지 않았을까? 여성 전화 상담원들이 무수히 겪는 위협과 언어 성폭력을 떠올리게 하는 이 장면에서, 왜 하필 남성의 목소리로 음성을 변조한 여성이 다른 여성을 그토록 심하게 모욕해야 했을까? 이 모든 것은 영화에서 중요하지 않은, 쓸데없는 질문들일까?

한국 영화에서 여성에게 가해지는 성폭력은 많은 경우 남성 주인공의 각성이나 복수의 동기부여, 서사의 터닝 포인트를 위한 장치로 쓰인다. 설령 가해자의 악행을 고발하거나 피해자의 고통을 전달하려는 의도라 해도, 창작물이 이를 다루는 방식에는 끊임없는 질문과 섬세함이 필요하지만 결과물은, 그리고 그것을 보는 사람들의 욕망은 어떤가. 밀양 집단 성폭행 사건을 모티브로 만들어진 〈한공주〉의 일부 장면은 '엑기스 영상'이라는 이름으로 P2P 사이트에 공유되고, 일본군 '위안부' 문제를 다룬 영화 〈귀향〉은 한 IPTV 서비스에서 '성폭행 영화'라는 키워드로 자동 완성된 카테고리로 검색될 만큼, 강간이라는 소재를 관음하고 일종의 포르노처럼 소비하는 이들은 적지 않다.

노골적인 강간 신이 등장하지 않더라도 성범죄라는 소재 자체가 종종 가볍고 코믹하게 다루어지기도 한다. 2017년 상반기 최다 관객을 동원한 영화 〈공조〉에서 남한 형사 강진태는 북한에서 온 임철령의 위치를 추적하기 위해 그를 속여 전자발찌를 채운다. 전자발찌를 찬 채 공원에 혼자 있던 임철령에게 역시 전자발찌를 찬 남성이 친근하게 접근해 '취향'을 묻다가 두들겨 맞는 장면은 전자발찌에 담긴 성범죄자라는 함의를 둘러싼 코미디다. 〈조작된 도시〉에서 졸개들에게 권유를 성폭행하라고 지시했던 마덕수가 영화 마지막에 교도소로 돌아가 같은 방식으로 '징벌'당한다고 암시되는 장면의 분위기 역시 코믹하다. 이게 정말, 웃긴가?

"내가 그때 그놈을 구속했다면 어땠을까?"
〈더 킹〉의 후반, 박태수는 한강식 무리에게 버림받고 모든 권력을 잃은 뒤에야 스스로에게 묻는다. 그것은 피해자가 그에게 수백 번 던지고 싶었을 질문일 것이다. 그러나 박태수는, 영화는 그에 대해 깊이 신경 쓰지 않는다. 정치판에 뛰어들어 한강식을 나락에 떨어뜨리는 데 성공하며 제법 효과적으로 노선을 변경한 그는 마지막 순간 상쾌한 얼굴로 '투표하라'는 메시지를 던질 뿐이다. 〈더 킹〉과 〈조작된 도시〉는 기득권층과 공생하는 악을 파헤쳐 짐짓 비판하거나 속 시원히 한 방 먹임으로써 쾌락을 제공한다. 주인공들은 강간을 저지르는 사람들이 아니며, 이 남자들이 겪는 파란만장한 사건들 속에서 성폭력 사건쯤은 그리 중요하지 않은 문제처럼 보이기도 한다.

그러나 영화 바깥의 세계가 성폭력이라는 사안을 충분히 심각하게 인식하거나 대처하지 않는 사회에서, 영화 속 세계에서까지 드러나는 성찰 없음을 단지 '현실도 그렇지 않냐' 정도로 수용해도 되는 것일까. 실존하는 피해자의 목소리가 끊임없이 지워지고 짓눌리는 세상에서, 어떤 서사가 주인공이 딛고 가는 징검다리처럼 쓰이고 거리낌 없이 잊히는 데 익숙해져도 괜찮은 것일까. 〈조작된 도시〉의 감독은 "지금의 20대들에게 이 영화로 '위로'를 주고 싶다"[4]고 말했다. 그러나 그가 생각하는 20대란 '청년'이나 '청춘'이 젊은 남성만을 가리키는 말처럼 쓰이는 것과 비슷하지 않을까. 남성들이 주를 이루고 남성들이 대부분의 기회를 얻으며 남성들만의 이야기를 쌓아 올리는 한국 영화의 세계에서 여성은 무엇일까. 그들이 바라보는 관객의 자리에 여성은 있을까. 나는 여전히 혼란스럽다.

'알탕 영화'의 법칙

2013년 3월이었다. 친구들과 〈신세계〉라는 영화를 보러 갔다. 범죄 액션물을 좋아해서 그냥 황정민과 이정재가 나오는 느와르 영화라는 것 외엔 별생각 없이 갔던 우리는, 극장을 나온 직후 극도의 혼란과 흥분 상태에 빠지고 말았다. 이 영화는 너무, 너무나…… 치정 멜로물이었던 것이다.

줄거리는 이렇다. 화교 출신 신입 경찰 이자성(이정재 분)은 폭력 조직에 잠입해 언더커버로 활동하며 북대문파의 리더이자 역시 화교인 정청(황정민 분)과 친분을 쌓게 된다. 6년의 시간이 흐른 뒤, 골드문이라는 거대 조직의 2인자까지 오른 정청은 경찰이 조직을 치려 한다는 사실을 눈치채고 누가 끄나풀인지 찾아내려 하는데, 여기서 놀라운 전개가 발생한다. 정청이 그토록 아끼던 '브라더' 이자성의 정체를 알고도 눈감아 주는 것이다.

다른 두 명의 경찰을 이자성 앞에서 잔인하게 처단하고, 사실을 아는 측근의 입을 막고, 반대파에게 급습당해 죽어가면서도 정청은 이자성의 비밀을 홀로 가슴에 묻는다. 심지어 병상을 찾아와 눈물지으며 산소호흡기를 대주려는 이자성을 만류하며 던진 한마디, "너, 나…… 감당할 수 있겠냐?"

그렇다. 이것은 사랑이고 정청은 북대문파도 골드문파도 아닌 순정파였던 것이다.

한국 영화나 드라마 속 99.9퍼센트의 남성 캐릭터들이 그렇듯 주인공들은 이성애자처럼 보인다. 이자성에게는 임신 중인 부인 주경(박로사 분)이 있고, 이자성의 바둑 사범을 가장한 신우(송지효 분)는 그의 경찰 동료지만 이자성과 그들 사이에는 아무런 애정도 유대감도 느껴지지 않는다. 이 세계에서 진짜 뜨겁고 끈끈하며 복잡한 감정은 오직 남자들만의 것이다. 골드문의 3인자 이중구(박성웅 분)을 포함해 세 남자의 애증을 그린 팬픽이 폭발적으로 쏟아져 나왔을 만큼 많은 여성들이 이들에게 매혹됐다. 그리고 〈신세계〉는 관객 수 468만 명을 돌파하며 흥행에 성공했다. 사실 나는 이 영화를 극장에서 세 번 봤다. 아니, 네 번인가?

'알탕 영화'라는 작명을 처음 들은 것은 그로부터 3년쯤 지나서다. '알탕 영화'란 주요 인물로 남자들만 우글거리는 영화를 가리키는 신조어다. 김현민 영화 저널리스트는 이들 '남자 영화'에 대해 "장르로 짚으면 범죄 액션 스릴러, 이것을 조금 다르게 설명하면 권력의 암투와 폭력으로 얼룩진, 흔히 '지옥도'로 불리는 남성적 세계를 동경하거나 관음하는 영화"[5]라고 설명한다. 멜로나 로맨틱 코미디 장르에 무관심하고, '센 이야기'를 선호하며, 매력적인 남자들을 보는 데 표 값을 아끼지 않던 내가 정신을 차려보니, 한국 영화계는 거친 세계에서 살아가는 사나이들이 서로 사랑하고 배신하고 미워하며 파국을 향해 달려가거나 가끔 정의를 구현하는 이야기로 가득해져 있었다.

'알탕 영화'의 한 갈래 혹은 유사어로 '개저비엘'이 있는데, 영화 평론가 듀나의 표현에 따르면, "여성혐오가 너무 심해 여자들을 배제하고 개저씨들만 등장시키다 보니 의도치 않게 남자들의 사랑을 그린 장르, 'BL물' 비슷해진 영화"[6]들을 의미한다. 여기서 문득 떠오르는 작품이 있는데, 만화 《생추어리》다. 어린 시절 생사의 고비를 함께 넘긴 두 소년이 일본 재건을 목표로 각각 빛(정치가)과 그림자(야쿠자)의 길을 가기로 하며 서로 돕는 엄청난 우정을 그린 이 만화의 주인공들은 오로지 섹스만 여자와 할 뿐 모든 교감은 소중한 친구, 의리 있는 형님, 충성스러운 부하와 나눈다. 서로 어찌나 사랑하는지 그 뜨거움에 눈물이 날

지경인데 자신들은 끝까지 '대의'를 위해 살고 있다고 믿을 뿐이다.

　그런데 이처럼 남자끼리 모든 것을 다 하고 여자들은 들러리만 세우거나 아예 존재를 지워버린 이야기가 한국 영화 시장을 먹어치우면서 여성 배우들의 입지가 급속도로 좁아지고 영화 속에서 드러나는 여성혐오 역시 심각한 수준에 이른 뒤에야 깨닫고 말았다. 나는 바로 그 '알탕 영화' 전성시대를 만드는 데 일조한 관객이고 기자였음을. 그래서 이 다년간의 관람 경험을 토대로 다음 '알탕 영화'의 법칙을 정리했다. 아직도 '상남자 취향 저격' 영화를 만들고 싶은 제작자들은 참고하시라. 아니, 고만해라. 마이 묵었다.

주요 인물 두 명 이상의 직업군이 형사, 검사, 조폭인가?

　범죄와 가장 가까이 있으면서 물리력이나 공권력을 행사할 수 있고 쉽게 갈등 구도를 형성할 수 있다는 면에서 형사, 검사, 조폭은 이 장르 3대 직업군이다. 〈신세계〉의 이자성은 상사 강 과장(최민식 분)의 명으로 깡패 정청과 가까워지면서 경찰과 폭력 조직 간부라는 2개의 정체성 사이에서 극도의 스트레스에 시달린다. 〈아수라〉의 형사 한도경(정우성 분)은 조폭과 손잡은 시장 박성배(황정민 분)를 위해 일하던 중 그를 치려는 검사 김차인(곽도원 분)의 협박을 받고 딜레마에 빠진다. 어딘가 비슷하게 느껴진다면 기분 탓이겠지만 두 작품은 모두 '사나이 픽처스'에서 제작했다. 〈내부자들〉에서 조폭 안상구(이병헌 분)와 의기투합하는 우장훈(조승우 분)은 경찰 출신 검사로 혼자 1인 2직업을 섭렵했다. 그러나 물론 이 분야 최강자는 황정민으로 조폭(〈달콤한 인생〉 등), 형사(〈베테랑〉 등), 검사(〈검사외전〉)를 두루 거치며 트리플 크라운을 획득했다.

다들 호형호제하고 있나?

칼춤판이 벌어지고 피바람이 부는 세계에서도 남자들은 모두 가족 같은 사이다. 단지 조폭만의 이야기는 아니다. 〈아수라〉, 〈베테랑〉, 〈하이힐〉에서 형사들은 동료이기 전에 형, 동생이며 때로는 범죄자가 형사나 검사를 "형님"이라 부르기도 한다. 이것은 사나이들의 의리와 친밀감이 생명인 이 장르의 유구한 전통으로, 1920년대 일제강점기를 배경으로 한 〈밀정〉에서도 일본 경찰 이정출(송강호 분)과 의열단 리더 김우진(공유 분)은 처음 만난 날 함께 술을 마시고 형 동생 사이가 된다. 그리고 의열단 단장 정채산(이병헌 분) 역시 이정출과 술을 마시고 밤낚시에 데려간 뒤 "앞으로 내 시간을 이 형께 맡기려고 합니다"라며 협조를 부탁하는데, 단언컨대 이는 〈내부자들〉에서 자신을 감옥에 보내려는 이강희(백윤식 분)에게 "저는 형님만 보고 갑니다"라던 안상구 이후 가장 무방비하고 유혹적인 고백이 아닌가. 〈공조〉의 남한 형사 강진태(유해진 분) 역시 자신을 떨떠름하게 여기는 북한 형사 임철령(현빈 분)에게 형 동생으로 지내자고 우긴 끝에 '의형제' 같은 관계가 되는 걸 보면, 호형호제는 한민족의 정신인지도 모른다.

죽여야 하는 그를 차마 죽이지 못하나?

어제의 형, 동생은 오늘의 원수가 된다. 그러나 그동안 쌓인 정을 쉽게 끊을 수는 없다. 〈강남 1970〉의 종대(이민호 분)는 자신의 '형님'을 죽인 과거의 '형' 용기(김래원 분)에게 총을 쏘다가도 살려 보내고, 〈아수라〉의 문선모(주지훈 분) 역시 형사 시절 '형님'이었던 한도경과 새 보스 박성배를 향한 충성 경쟁을 벌이며 반목하지만 막상 한도경을 죽이라는 명령을 받고선 망설이다 어이없이 목숨을 잃고 만다. 〈황제를 위하여〉의 상하(박성웅 분)는 자신이 키운 수하 이환(이민기 분)에게 뒤통수를 맞고서도 그가 야망을 이루도록 돕고, 결국엔 이환을 구하려 싸우다 죽음을 맞이한다. 사랑은 내리사랑이라더니, 이 세계에선 역시 형님의 사랑이다.

한 남자가 다른 남자 앞에 무릎 꿇는가?

강하고 아름다운 남자가 더 강한 상대나 벗어날 수 없는 상황을 만나 무릎 꿇는 모습은 어쩐지 묘한 배덕(背德)감을 느끼게 한다. 〈내부자들〉의 우장훈은 사직 위기에 처하자 부장검사에게 살려달라며 무릎을 꿇고, 〈아수라〉의 한도경은 박성배를 배신하도록 종용하는 김차인 앞에 그 늘씬한 팔다리를 구기며 무너지고 만다. 한편 〈하이힐〉에서 형사 윤지욱(차승원 분)을 "진짜 사내"라며 찬양하고 "나하고 연 한번 맺어봅시다"라는 프로포즈성 발언까지 했던 조폭 허곤(오정세 분)은 막상 윤지욱이 첫사랑의 여동생인 장미(이솜 분)를 살리기 위해 자신 앞에 무릎을 꿇자 히스테릭하게 분노를 폭발시킨다. 누구보다 윤지욱에 대한 팬심을 열렬히 드러냈지만, 막상 여성이 되어 살고 싶어하는 그를 이해하지 못하고 흑화한 허곤의 무덤 앞에 윤지욱의 브로마이드를 바친다.

여성은 마담이나 아픈 아내, 희생양인가?

〈황제를 위하여〉의 연수(이태임 분), 〈강남 1970〉의 민성희(김지수 분)과 주소정(이연두 분)은 모두 룸살롱에서 일한다. '마담'은 대개 주인공과의 격렬한 섹스 신을 담당하지만, 주인공이 기혼자라면 그들 부부는 높은 확률로 섹스리스일 것이다. 〈베테랑〉

의 주연(진경 분)과 〈공조〉의 박소연(장영남 분)은 전형적인 '우악
스러운 아줌마', 남자들의 흔한 표현을 빌리면 '마눌님'으로 주
인공과 이들 사이에는 '미운 정'과 동지애만 남은 것처럼 보인
다. 혹은 임신 중이다가 남편을 둘러싼 극도의 스트레스 상황으
로 유산하는 〈신세계〉의 주경이나, 암 말기로 병원에 누워 있는
〈아수라〉의 정윤희(오연아 분)처럼 주인공이 책임지고 보호해야
하는 대상으로서의 아내가 존재할 뿐이다. 또한 주인공의 동료
로 등장하는 여성들은 〈아수라〉의 형사 차승미(윤지혜 분), 〈신세
계〉의 경찰 신우처럼 처참하게 살해당한다. 〈밀정〉의 의열단
멤버 연계순(한지민 분) 역시 일본 경찰의 감시망이 조여오자 시
선을 끌기 위해 가슴골을 강조하는 식의 어처구니없는 '기지'를
발휘하는 여성이며, 결국 붙잡혀 끔찍한 고문을 당하는 모습으
로 소비된다.

대화는 '씨발'과 '좆' 사이사이 이루어지는가?

이 세계의 사나이들은 화가 나도 욕을 하고 즐거워도 욕을
하고 외로워도 슬퍼도 욕을 한다. 〈신세계〉 정청의 대사처럼
"씨빠 부라더", "씨뺄러마", "씨바라탱아" 등 다양한 변주가 쏟
아지기도 하고, 〈아수라〉처럼 영화 시작 후 타이틀이 뜨기 전
까지의 약 12분 동안 '씌발'만 약 30번 이상 등장하는 경우도 있

다. 이처럼 '씨발'과 '좆'에 갇혀 빈곤해진 어휘는 죽어가는 문선모와 그를 바라보는 한도경의 비통한 심경조차 "나 좆 됐다, 그치?"와 "너 살릴 거야, 씨발. 야 이 씨발 새끼야!"처럼 납작하고 공허한 외침으로 만들어버린다. 심지어 박성배에게 총구를 겨눈 한도경의 마지막 한마디도 "좆이나 뺑뺑이다. 이 씨발놈아"이니, 이쯤 되면 일관성이라 해야 할까, 집착이라 해야 할까.

"나 대한민국 검사야"가 등장하는가?

검사들은 꼭 결정적 순간에, 우리 모두 알고 있는 국적을 밝히며 자기소개를 한다. 〈내부자들〉에서 지방대 출신에 연줄도 족보도 없어 무시당하던 우장훈이 마침내 정·재계 고위층의 성접대 동영상과 비자금 파일을 공개하며 "저는, 대한민국 검사 우장훈입니다"라는 '사이다'를 터뜨린 것처럼. 반면 〈아수라〉에서 지방대, 비영남권 출신이라는 약점을 극복하고 출세를 위해 박성배에게 달려들던 김차인은 궁지에 몰려서야 "내가 대한민국 검사야!"라며 허세를 부리지만 때는 이미 늦었다. 심지어 〈검사외전〉에서 검사 행세를 하던 사기꾼 한치원(강동원 분)조차 자신을 납치했던 조폭들이 검거되자 달려가 발길질하며 "내가 대한민국 검사야 인마!"라고 외치기도 하는데, 참고로 공무원자격사칭죄는 경범죄처벌법 혹은 형법 118조에 의해 처벌된다.

역사는 룸살롱에서 이루어지는가?

알탕 영화에서 룸살롱이라는 공간의 역할은 크게 세 가지로 나뉜다. 은밀한 대화, 패싸움 혹은 살인, 그리고 여성의 가슴을 노출하는 것. 조직의 형님과 동생들이 단합할 때도, 부패한 공무원을 구슬릴 때도, 부잣집 아들을 함정에 빠뜨릴 때도 룸살롱에서의 질펀한 성접대 장면이 필수 요소처럼 자연스럽게 등장했던 이유다. 속옷 하의만 입은 여성 10여 명을 벽에 일렬로 세워 전시하고, 권력자 남성들이 성기를 사용해 폭탄주를 제조하는 모습 등을 적나라하게 보여준 〈내부자들〉의 별장 신은 어디든 룸살롱이 될 수 있음을 보여주었다. 또한 〈강남 1970〉, 〈내부자들〉, 〈아수라〉에서는 성접대 현장 사진과 동영상이 거래와 협박의 만능 키로 등장하니, 과연 성매매와 도촬의 왕국다운 상상력, 아니 현실 반영이다.

원수와 형님은 사우나에서 만나는가?

사우나라는 공간의 목적 역시 크게 세 가지로 나뉜다. 주인공의 복근을 보여주거나, 문신을 과시하거나, 엉덩이를 노출하는 것이다. 2인 이상이 사우나에 함께 있는 경우, 〈하이힐〉에서 윤지욱의 조각 같은 몸을 넋 놓고 바라보다 두들겨 맞는 허불(송영창 분)처럼 될 수도 있고, 〈내부자들〉의 이강희와 안상구처럼 한층 더 가까워질 수도 있다. 특히 〈내부자들〉의 과거 회상 신에서 이강희는 안상구의 미래에 대해 다정하고 따스한 조언을 아끼지 않고, 안상구 역시 "끌어만 주시면 짖지 않고 예쁘게 따라갑니다"라며 충성을 다짐함으로써 사우나 안의 공기를 후끈 달아오르게 만든다. 단, 〈내부자들〉의 권력자들에 이어 〈아수라〉의 박성배 역시 사우나에 가지 않고도 말 그대로 '빤스를 내린' 모습을 보여주었으니, 이들의 격의 없음을 통해 점점 더 '날것'에 가까워지려는 사나이들의 장르적 열망을 엿볼 수 있다.

두 남자의 아름다웠던 추억을 회상하는가?

정청과 강과장이 죽고 이자성만 남겨진 〈신세계〉의 마지막 장면은 6년 전, 여수에서 깡패 노릇을 하던 정청과 이자성의 즐거운 한때다. 싸우다 찢긴 옷에 피가 튄 얼굴로 담배를 나눠 피우며 쓸데없이 싱그럽게 미소 짓는 두 사람의 모습은 그들이 가장 행복했던 순간에 아련히 멈춘다. 〈강남 1970〉 역시 종대와 용기가 모두 죽은 뒤, 넝마주이 시절 허름한 방 안에서 신나게 권투 시합을 하던 둘의 모습에서 막을 내리고, 〈황제를 위하여〉에서도 상하가 죽어가며 마지막으로 떠올리는 것은 오래전 우연히 마주쳤던 어린 이환과의 첫 만남이다. 다행히 두 사람다 살아 있다면 마지막 장면은 새로운 행복 찾기의 시작이 될 수도 있다. 〈내부자들〉의 우장훈은 출소 후 찾아온 안상구에게 "날도 좋은데 모히토 가서 몰디브나 한잔할까?"라는 농담을 던지고, 〈검사외전〉의 한치원은 출소하는 변재욱(황정민 분)을 찾아가 두부를 내밀며 애교를 부린다. 모든 시련을 딛고 새 출발하는 두 남자의 머리 위로 펼쳐진 하늘은 왜 이리도 화창한지.

자연인이 되고 싶은
남자들

우리 집에서 볼 수 있는 TV 채널은 200개쯤 된다. 하지만 채널을 돌리다 보면 같은 곳에서 빙빙 돌고 있는 게 아닌가 하는 생각이 들 때가 있다. 동시에 4~5개 정도의 채널에서 틀어주는 〈무한도전〉 재방송을 비롯해 '아재'들이 가득한 리얼 버라이어티 프로그램의 홍수 때문이다. 여기서 해외여행을 하던 그가 저기선 시골을 방문하고, 또 다른 데선 조카뻘 걸 그룹 멤버와 상황극을 하고 있는 식이다. 식상한 얼굴들이 지겨워 채널을 빨리빨리 넘기던 어느 날, 나는 연이은 4개의 채널에서 모두 같은 프로그램을 재방송하고 있는 구간을 만났고, 그것을 '자연인 존 (Zone)'이라 부르기로 했다.

　자연인(Homo Natura)의 존재가 세상에 알려진 시점에 대해서는 다양한 학설이 있겠지만, 최근 연구에서는 대개 2012년 8월 22일, 종합편성채널 MBN 〈나는 자연인이다〉의 첫 방송을 기준으로 삼고 있다. 인적 드문 산속, 전라의 모습으로 나타나 충격을 안긴 77세 남성 김용호 씨가 바로 '최초의 자연인'이다. "사람은 코로만 산소를 마시는 게 아니라 피부로도 마신다", "여름에는 벗고 있는 게 이롭다", "남자끼리만 있으니 괜찮다"는 그의 과감함은 도시인들의 질서를 훌쩍 넘어서며 이후 자연인 정신의 모태가 되었다.

연구된 바에 따르면, 자연인의 주 서식지는 산이다. 250회가량의 방송 부제에 '산사나이'가 30차례 이상 등장했다는 것만 봐도 알 수 있다('산'과 '산골'이 따로 쓰인 경우를 제외하더라도 그렇다). 그래서 자연인과의 만남은 대개 해발 수백 미터 산속에서 이루어진다. 높은 나무에 오른 채 손님을 맞이하는 자연인도 있다. 혼자 외진 곳에서 거주하는 이들의 특성상 자연인 중 여성은 손에 꼽힐 정도로 적으며, 처자식이나 어머니와 함께 사는 남성도 있지만 평균적인 자연인이라 함은 '사람의 발길이 흔히 닿지 않는 자연 속에 홀로 사는 50대 이상의 남성'이라고 할 수 있다. 참고로 자연인을 설명하는 주요 키워드로는 '도사', '고수', '괴짜', '사나이', '(노)총각', '상남자', '파수꾼' 등이 있다.

자연인과 가까워지려면 노동력과 친화력이 필요하다. 격주로 자연인을 만나는 MC 윤택과 이승윤은 이 분야 최고의 전문가다. 첫날 텃밭을 돌보거나 약초 채집, 땔감 수집 등에 따라다니고 나면 이튿날에는 자연인이 평소 혼자 하기 힘들었던 김장, 화장실 만들기, 지붕 고치기 등을 수행한다. 함께 목욕을 하는 것도 효과적인 방법이다. 등목을 시켜주던 자연인이 갑자기 샤워기를 내던지고 말벌을 잡으러 뛰쳐나가더라도 기다리고, 한겨울 얼음장 같은 계곡 입수도 마다하지 못한다.

자연인과의 대화는 종종 다음과 같은 방식으로 이루어진다. 주말 드라마 등에서 흔히 볼 수 있는 이 기법은 상대의 대사를 받아 반복함으로써 자신이 경청하고 있음을 어필하고 큰 에너지를 들이지 않으면서도 대화 사이의 공백을 최소화하는 것이다.

예시 1

자연인 이건 약초에 대한 책이야.

MC 아, 약초에 대해서 나온 책이군요?

예시 2

자연인 자연에서 먹으면 뭐든 맛있지.

MC 역시 자연에서 먹으니까 다 맛있네요.

자연인의 주거 형태는 다양하다. 동굴, 컨테이너, 폐천막과 나무를 이용한 움막, 직접 지은 황토집 등이 그것이다. 자연인이 선호하는 인테리어 소품으로는 돌탑, 괴석, 고사목 등이 있다.

　자연인의 소박한 식생활은 도시인에게는 크나큰 도전이다. 철학자 강신주가 "자본주의적 삶의 폐단은 모두 냉장고에 응축돼 있다"[7]고 말하기 이전부터 냉장고 대신 소금 항아리나 계곡물, 앞마당 구덩이 등에 식재료를 보관해 온 자연인들은 텃밭의 푸성귀나 산에서 캔 약초 등 채식 위주의 식생활에 익숙하다. 물론 멧돼지 바비큐, 더덕 삼겹살구이, 닭 스테이크 등 뜻밖의 별미가 등장할 때도 있지만 생쌀, 민물고기 회, 고라니 간, 애벌레 앞에서 이승윤의 동공은 흔들리고 윤택은 영혼 없는 너털웃음을 지으며 두려움을 지우려 노력한다. 그러나 '민물고기의 흔적이 묻은 돌'을 넣은 찌개나, 시장에서 얻어 온 생선 대가리를 카레와 함께 끓인 음식 앞에서도 자연인의 순수한 선의를 해치지 않기 위해 "안 먹어본 음식이라 기대가 되는데요"라고 말하는 이들의 자본주의 미소야말로 가격을 매길 수 없는 인내의 산물일 것이다.

　각종 성인병에 시달리는 도시인들과 달리 자연인들은 칼로리를 적게 섭취하고 많이 소모함으로써 건강을 유지한다. 그중 일부는 대체의학으로 중병을 고쳤다고 주장한다. 자연인의 대표적인 건강 비법은 직접 캔 약초 복용과 자신이 개발한 체조다. 팬티 바람으로 모닥불에 엉덩이를 데우고 열기를 머금은 채 맨발로 산을 타거나, 오장이 편안해지도록 몸통을 흔드는 등 체조의 형태는 제각각이다. 아침에 태양을 향해 입을 뻐끔거리며 태양에너지를 머금고 손가락으로 한 방향을 가리키는 체조의 경우 오랫동안 연마하면 돌멩이도 뚫을 수 있다는 것이 자연인의 주장이다. 물론 윤택과 이승윤은 이 체조들의 첫 번째이자 유일한 수제자다. 방에 앉은 채 고개를 이리저리 돌리는 것은 한 자연인이 만든 '금법체조'로, 백봉기 PD는 "근거가 있는 운동법이라고 하는데, 저희가 거기까지 확인은 못 했다"고 말했다.

자연인이 도시를 떠난 이유에 대해서는 다양한 주장이 존재한다. 허드렛일을 하다가 쉬는 시간이나 저녁 식사 중 진행되는 '인간극장' 타임에 그들에 대한 정보를 얻을 수 있다. 자연인 대부분은 시골에서 보낸 자신의 유·소년기에 향수를 지니고 있으며 사업 실패, 이혼, 질병은 자연인의 인생에서 대표적인 고난이다. 한때 큰돈을 벌었다는 자연인도 빚보증을 잘못 섰거나 가족, 친지에게 배신당한 사연을 가졌다. 아내의 출산 장면을 우연히 본 충격으로 성관계를 할 수 없게 되어 이혼했거나, 가난 때문에 사랑했던 여자와 헤어져 세상을 멀리하게 되었다는 자연인도 있다. 아직 연이 닿아 있는 아내가 김치를 담가 가져다주거나 가끔 찾아와 돌봐주는 자연인은 운이 좋은 케이스다. 또한 산에 들어온 지 5년째라는 한 자연인은 2014년 SBS 〈세상에 이런 일이〉에 '주부 9단 청소홀릭'으로 출연해 가족의 생활을 깔끔히 돌보는 모습을 보이기도 했다.

자연인들은 추악하고 오염된 도시를 벗어나 자연에서 치유받는 생활이 좋다고 말한다. 타인의 눈이나 생활 습관을 신경쓰지 않는 것은 자연인만이 누릴 수 있는 자유다. 지퍼가 망가진 바지를 그대로 입고 다니거나 "영의 세계를 느끼는 데 최적"인 관에서 잠을 자는 호연지기 말이다. 자연인의 삶을 묘사하는 중심 키워드로는 '행복', '낭만', '희망', '청춘', '낙원', '보약', '인생 2막', '부정(父情)' 등이 있다.

〈나는 자연인이다〉는 2017년 6월 한국갤럽이 조사한 '한국인이 좋아하는 TV 프로그램' 5위를 차지했다. 40대에서 60대 사이 남성들의 선호도는 압도적이다. 내 또래 친구들은 부모님 댁을 방문할 때마다 '자연인 존'을 벗어날 수 없다는 고통을 종종 호소한다. 〈나는 자연인이다〉의 열성 팬인 아버지를 둔 한 친구는 이 프로그램이 '아버지들의 뽀로로'라고 분석했다. 〈뽀롱뽀롱 뽀로로〉만 틀어주면 울음을 그치는 어린이처럼, 자신의 아버지 역시 줄곧 '자연인 존'에 머무르며 본 방송을 보고 또 볼 만큼 깊이 매료되어 있다는 것이다. 이들 중 상당수가 다른 예능 프로그램은 유치하다거나 방송의 때가 묻었다는 이유로 멀리하면서도 오로지 〈나는 자연인이다〉 만을 '진정성' 있는 프로그램으로 인정한다는 점은 흥미롭다. 농사를 지어 고정 수입을 얻겠다는 목표가 없고, 주거 공간에 대한 구체적 계획이 없으며, 가족이 원치 않더라도 무작정 자연의 품에 안기고자 한다는 면에서 기존의 '귀농'이나 '귀촌'과는 다른 이 생활 방식이 어느 세대 남성 상당수의 로망이 된 것이다. 인간관계, 경제활동, 사회적 규범과 책임에서 무작정 벗어나기를 갈망하는 아버지들의 꿈.

　〈나는 자연인이다〉 시청자 게시판에는 '자연인 생활을 간절히 갈망하니 자연인과 연락할 수 있게 해달라'는 글이 줄지어 올라온다. 사업 실패 후 집에만 있는 아버지가 자연인을 동경하니 함께 생활할 사람을 찾고 싶다는 자녀의 글도 있다. 자연인의 개인 정보를 공개할 수 없다는 제작진에게, 퇴직을 앞두었다는 한 남성은 "그분들의 선량하고 참다운 자연의 삶을 배우고 상부상조하고 싶습니다"라는 장문의 글을 남기기도 했다. 비록 자연인의 삶에서 찾을 수 있는 '선'과 '참'의 실체는 아직 명확하게 규명된 바 없지만.

여자를 증오하는 남자들

한 명의 남자에게라도 원한을 산다는 게 얼마나 두려운 일인지, 나는 범죄의 피해자가 되고 나서야 알 수 있었다. 불특정 다수 남성들의 불특정 다수 여성들을 향한 비하와 증오, 그중에서도 특히 페미니스트임을 밝힌 여성들을 향한 조롱과 모욕에는 어느 정도 익숙해졌지만 그들의 말을 두려워하지 않는다고 해서 그들의 물리적 폭력에도 상처 입지 않을 수 있는 것은 아니다. '여자들' 중에서, 특히 나를 골라 해칠 수도 있는 남자의 존재를 인식하는 것은 매일 새로운 공포와 함께 살아가는 일이다. 나는 이 두려움에 대해 항상 말하고 싶은 동시에 말하고 싶지 않기도 했다. 여성이 두려움을 느낀다는 것 자체에 즐거움을 느끼는 남자들이 많음을 알기 때문에.

원래는 '억울한 남자들'에 대한 이야기를 하려고 했다. 결혼이 인생의 끝인 것처럼 한탄을 늘어놓는 동시에 결혼하지 않은 사람은 아직 '애'라거나 인생의 실패자인 것처럼 대하는 남자 연예인들, 부인을 '지갑을 뺏어 간 무서운 엄마'처럼 취급하며 '허락보다 용서가 쉽다'고 부추기는 게임기 광고, "여자에게 복수하고 싶은 남자"를 모집해 수컷들의 원기 상승을 도와준다고 하다가 비난이 쏟아지자 슬쩍 콘셉트를 바꾼 또 다른 예능 프로그램들에 대해. 여자를 갈망하면서도 여자를 원망할 이유를 찾기 위해 이토록 열심인 남자들에 대해.

그런데 그 일이 일어났다. 8월 초, 몇 명의 남성이 한 여성 유튜버를 찾아가 죽이겠다고 협박하는 영상이 유튜브에 생중계되었다. 영화 〈소셜포비아〉의 한 장면이 아니다. 그들이 찾아가겠다고 경고한 대상은 〈오버워치〉 게이머인 '갓건배'로, 온라인 게임을 하는 여성들에게 성희롱과 모욕을 퍼붓는 남성들의 발언을 성별만 바꾸어 되돌려주는 '미러링' 방식으로 게임 방송을 진행해 온 유튜버다.

어떠한 사건으로 이름이나 얼굴이 알려진 일반인 여성이 남초 커뮤니티에서 '신상털이'를 당하고 악성 댓글 공격을 받는 것은 한국 온라인 세상에서 비일비재한 일이다. 하지만 확실치도 않은 개인의 신상을 악의적으로 퍼뜨린 데 이어 수천 명 이상이 시청하는 온라인 방송에서 사냥감을 찾듯 사람을 찾아가며 생중계하는 것은 새로운 차원의 폭력이었다. 해당 방송 채팅창에는 '갓건배'로 추정되는 여성의 전화번호와 집 주소가 올라왔다. 이 남성들은 "그냥 하나 처치하면 대한민국 일제강점기에서 해방되는 기분"이라며 "이제 8킬로미터 남았다"고 말했다. 그러면서 "오늘 이 주소가 아니더라도 조만간 잡힌다"며 "여러분들이 말할 때마다 그 주소로 찾아가겠다"고 말했다.[8] 신고를 받은 경찰은 '김윤태'라는 이름으로 방송을 진행한 남성을 찾아가 파출소에서 조사를 받게 한 뒤 경범죄처벌법상 '불안감 조성' 행위로 범칙금 5만 원을 통고했다. 경찰 관계자는 "형사과로 넘기기에는 사안이 경미하다고 판단했다"면서 "이런 일이 재발하지 않도록 주의시킨 후 귀가시켰다"고 설명했다.[9]

자신들의 기분을 거스른 여성(으로 추정되는 사람)의 주소를 알아내 공개하고 찾아가 죽이겠다며 협박하는 것을 신나는 쇼로 만들어 제공하는 남자들과 소비하며 동조하는 남자들이 있다. 그리고 그중 한 명만이 단돈 5만 원을 내는 것으로 사건이 마무리되었다. 갓건배, 혹은 그 주소에 살고 있던 여성이 겪은 고통은 아무도 책임지지 않는다. 심지어 아무 근거도 없이 갓건배로 지목된 몇몇 여성들은 불특정 다수의 남성들에게 메시지 폭탄을 받거나 온라인 커뮤니티에 사진과 신상이 오르는 등 계속 피해를 입고 있다고 호소했다.

더 충격적인 것은 십수 명의 초등·중학교 남학생들이 유튜브에 '갓건배 저격' 영상을 올리며 공격에 동참했다는 사실이었다. 온통 욕설로 점철된 영상인 탓에 EBS에서는 이들의 발언을 이렇게 보도할 수밖에 없었다. "XXX돼 XXX야. OOO(여성 BJ 별명) XXXX. 나도 한국 남자고, 난 9살이야. 알겠냐 XXXX야."[10] 이 영상들을 분석한 〈경향신문〉은 "이런 학생들 대부분은 '갓건배'로 추정되는 사람의 신상을 공개하고 주소지로 찾아간 성인 남성 유튜버들의 인터넷 방송을 구독하고 있는 것으로 나타났다"고 보도했다.[11] 지하철 안에서 라면을 끓여 먹고 빵집에 전화를 걸어 빵에서 파리가 나왔다며 다짜고짜 욕설을 퍼붓는 등 자극적이고 폭력적인 영상으로 유명한 유튜버 신태일은 갓건배를 향해 "보지에 공구를 쑤셔 넣어 장기를 파열시키겠다"고 했다. 80만 명이 넘는 유튜브 채널 구독자를 보유한 그는 10대 남학생들의 스타다.

학교를 졸업한 지 십수년이 지났고, 학교에 다니는 아이와 함께 생활하지 않는 사람의 입장에서 학교란 나의 경험 바깥에서 상상하기 어려운 공간이다. 그런데 기간제 여성 교사를 성추행한 남성 교감, 학교 화장실에서 여성 교사를 도촬한 남성 교사, 여성 교사의 수업 시간에 집단으로 자위행위를 한 남학생들에 대한 기사를 볼 때마다 나는 궁금했다. 과연 지금 학교 안의 여성들은 안전할까. 이들은 어떤 고민을 하고 있을까. 지난해, 학부모와 지역 주민 들이 관사에 침입해 여성 교사를 성폭행한 사건 이후 읽게 된 한 교사의 글은 오랫동안 잊을 수 없도록 마음을 찔렀다.

한국 사회에서 20대 여성으로 살아가다 보면 내게 성폭력을 행하지 않는 사람을 찾기가 더 힘들다. 정작 끔찍하고 분노스러운 것은 내가 겪은 일이 교사라는 이유로 성폭력이라 호명되지 않고, 교사라는 이유로 내가 피해자로 인정받지 못한다는 것이다. 내가 피해자라는 위치보다 교사라는 것을 더 잊지 말아야 한다고 강요받는 것. 어떤 사람이 교실에서 내게 야동을 보여주며 '선생님, 섹스해 봤어요?'라고 물어본다 하더라도 나는 피해자가 아니라 교육자로서 왜 이런 행동이 잘못이고 바람직한 성관념은 어떻게 가져야 하는지 친절히 설명해야 하는 것이 나의 직무이자 의무라고 이 사회가 규정하고 있다는 것, 그래서 내가 존재하고 있는 이 학교라는 공간이 절대로 날 지지하지 않는다는 사실이 순간순간 바늘로 찌르듯 인지되는 것이 절망스러운 것이다.[12]

그로부터 1년 뒤, 온라인 매체 닷페이스에서는 '초등 성평등 연구회'에서 활동 중인 현직 초등교사 A를 인터뷰했다. A 교사는 "교사의 말 속에, 행동 속에 아이들이 가정이나 사회나 미디어에서 겪는 여러 가지 경험이나 여성혐오를 누가 조목조목 '이게 어떤 것'이라고 가르쳐주는 사람이 아무도 없다"는 문제의식을 바탕으로 페미니즘 교육이 필요하다고 말했다. 인터뷰는 상당한 호응을 얻었지만, 며칠 뒤 여성혐오 성향이 강한 극우 커뮤니티 일베를 중심으로 공격이 시작되었다. A 교사가 어린 학생들에게 '편향되고 그릇된' 이념을 주입하고 있다고 주장한 이들은 A 교사의 신상 정보를 퍼뜨리고 가족까지 인신공격 대상으로 삼았다. 학부모들이 많은 '맘 카페'에 A 교사에 대한 비난 유도 글을 올릴 만큼 악의적인 여론몰이가 이어졌다. 수백 건의 민원이 접수되었고 학교로 항의 전화가 빗발쳤다. 그러나 1주일이 지나도록 서울시교육청에서는 교사를 보호하기 위한 조치를 취하지 않았다. 학교를 방문한 교육청 관계자는 수업에서 페미니즘을 가르쳐선 안 된다며 교사 개인의 문제까지 캐물었다고 학교 관계자들은 전했다.[13]

이 일이 일어나기 몇 달 전인 올해 5월, 한 트위터 사용자(아이디: hoho_beakbal)는 이런 질문을 던진 적이 있다. "'일베 문화에

물든 요즘 초딩들' 이야기가 나오면 여학생들은 뭐 하고 있는지 궁금하다. 일베 문화를 체화한 학생들은 대부분 남학생들이던데 그 사이에서 같이 살고 있는 여학생들은 어떻게 살고 있을까." 수십 명의 초·중·고 여학생들이 그에게 긴 답장을 보내왔다. '김치녀'나 '걸레', '메갈년'이라는 욕설을 듣고 외모 평가는 물론 성희롱과 성추행을 당하는 일도 흔하다는 토로가 끝없이 이어졌다. 제발 누구라도 좀 물어봐 주기를 바랐던 것처럼 절박한 목소리들 사이의 한 문장을 잊지 못한다. "좀 살려주세요."

"요즘은 되려 남자아이가 차별받고 참아야 하는 상황이 많은 시대가 되어가고 있잖아요"라며, "저도 두 딸을 키우고 있지만 페미니즘 교육은 필요 없습니다. 그냥 서로 존중하라고 가르치면 되는 거 아닌가요?"라고 A 교사를 비난하던 학부모들이 이 글 타래를 보았다면 뭐라고 했을까. 자신들이 주장하듯 '서로 존중'하고 '다름을 인정하고 수용하는 태도'를 가르치기 위해 필요한 것이 페미니즘 교육이라는 것을 어떻게 설명해야 할까. 지금 학교에서 어떤 일들이 일어나고 있는지, 여학생들이 어떤 식으로 대상화되고 상처 입는지, 저렇게 폭력적인 문화에 끼고 싶어하지 않는 남학생은 또 어떤 괴로움을 겪고 있는지에 대해, 어른들은 좀 더 많이 알아야 한다. 아이가 등·하굣길에 성범죄자와 마주칠까 걱정하는 것만큼, 아이가 학교 폭력의 피해자가 될까 두려워하는 것만큼 아이가 교실 안에서, 그리고 온라인을 통해 접하고 경험하는 문화가 어떤지 알아야 하고 이를 바꾸기 위해 노력해야 한다. 너무 오랫동안 한국 사회 전반의 여성혐오를 방치해 온 결과는 어떤가. 어린이들에게조차 여성혐오가 '놀이'처럼 스며드는 데까지 왔고, 그 폭력의 수위는 너무나 심각한 지경에 이르렀다. 의무교육 과정에서의 페미니즘 교육은 그 변화를 위한 최소한의 토양이 될 수 있을 것이다.

스웨덴 작가 스티그 라르손이 쓴 《밀레니엄》 시리즈 1부의 제목은 〈여자를 증오한 남자들〉이다. 이 소설을 처음 읽었던 2011년, 나는 이 제목이 좀 낯설게 느껴졌다. 재벌가 후계자이자 최상류층에 속하는 두 명의 남자가 자신들의 딸(여동생)과 연고 없는 밀입국한 여성들을 상대로 연쇄 강간·살인이라는 범죄를 저지른 것은 끔찍하지만, 왜 '방예르가의 비밀' 같은 게 아니라 '여자'를 증오한 '남자들'이라고 했을까? 오랜만에 책을 다시 펼쳐 보니 각 챕터의 겉장에는 이런 문장이 적혀 있었다. "스웨덴 여성의 18퍼센트는 살아오면서 한 번 이상 남성의 위협을 받은 적이 있다"[14], "스웨덴 여성 중 46퍼센트가 남성의 폭력에 노출되어 있다"[15], "스웨덴 여성 중 13퍼센트는 심각한 성폭행을 당한 경험이 있다"[16] 그리고 "스웨덴에서 성폭행을 당한 여성 중 92퍼센트는 고소하지 않았다".[17]

언젠가부터 나는 '여자를 증오하는 남자들'과 함께 살아간다는 게 어떤 의미인지 매일 새롭게 깨닫곤 한다. 강남역 여성혐오 살인 사건이 일어났을 때, 그리고 왁싱숍 여성혐오 살인 사건이 일어났을 때, '묻지마 폭행'이라는 타이틀로 보도된 수많은 여성 대상 범죄들, 하루가 멀다 하고, 아니 하루에도 몇 건씩 터져 나오는 여성혐오 사건들에 일상이 끌려 들어갈 때마다 화내고 슬퍼하고 두려워하다 늦은 새벽까지 잠을 이루지 못했다. 수면유도제를 먹어도 온통 신경이 곤두서는 바람에 누운 채, 앉은 채로 아침을 맞이하는 날이 이어졌고 꿈을 꾸면 집 앞에 찾아온 남자가 나를 위협했다. 자라나는 어린이, 청소년마저 이토록 심각한 여성혐오적 문화에 물들어 있다면 과연 여기서 달라지는 게 있기나 할까. 페미니즘과 성평등이라는 말에 격렬한 거부반응을 보이며 혐오를 관철시키기 위해 온 힘을 다하는 이들에게 어떻게 대응해야 할까.

너무 지쳤지만 분노와 우울 때문에 잠들지 못하고 있던 어느 날, 애써 생각을 다른 데로 돌리기 위해 문득 눈에 띈 웹툰을 보던 중 한 대목에 시선이 머물렀다.

모니야, 용기는 두려운 마음 안에 있어. 네가 그 두려운 마음 안에 있는 용기를 힘차게 불러내면 돼. 그리고 말이야…… 네가 남을 위해 용기를 내면, 다른 사람들 마음속에 있는 용기도 세상 밖으로 뛰쳐나올 수 있어.[18]

다른 때였다면 무심히 지나쳤을지도 모를 이 말이 그 순간 내게는 큰 위로가 되었다. 용기는 두려운 마음속에 있다. 아무것도 두려워하지 않는 마음이 용기가 아니라, 그 두려운 마음 안에서 용기를 불러낼 수 있기 때문에 우리가 인간일 수 있다는 것. 나의 두려움만이 아니라 타인의 두려움도 이해할 수 있기 때문에 그를 위해 용기를 낼 수도 있고, 그것이 우리의 힘이 될 수도 있다는 것. 나는 다시 용기를 내기로 했다. 그리고 여러 건의 민원과 신고, '키배' 사이에 이 글을 쓴다.

Part 4
그래서
페미니즘

여배우, 꽃이라 불리며 가시밭길을 걷는 사람들

'여배우'에 대한 글을 쓰면서 '여배우'라는 단어를 쓰지 않기 위해 고민 중이다. 〈춘몽〉, 〈역도요정 김복주〉 등에 출연한 배우 이주영은 2016년 10월 트위터에 "'여배우'는 여성혐오적 단어가 맞습니다. 이 간단한 문장이 이해가 되지 않으면 공부를 더 하세요"라고 썼다. 그러자 그의 트위터와 인스타그램에는 "여대도 여성혐오인가요", "여우주연상도 여성혐오냐"를 비롯해 "너 메갈이냐", "남자같이 생겨서 왜 남혐하냐" 등 수많은 조롱과 비난 댓글이 달렸고, 이주영은 잠시 계정을 비공개로 전환하기도 했다. 박찬욱 감독이나 배우 이미연이 '여배우'라는 표현에 문제를 제기했을 때와 달리, 유독 신인 여성 배우를 겨냥한 사이버불링(온라인에서 특정인을 집단적으로 따돌리거나 집요하게 괴롭히는 행위)이 일어났다는 것은 SNS에서 여성 유명인들에게 가해지는 무차별적 인신공격과 함께, 같은 발언이어도 약자일수록 격렬한 공격에 시달린다는 사실을 보여준다. 또한 〈중앙일보〉는 이주영의 발언에 대해 "'여배우'란 단어는 '여성혐오'보다는 '성차별'에 가깝다. (중략) 한 연구자료에 따르면 여성혐오(Misogyny)는 여성에 대한 증오 또는 싫음을 의미한다"[1]고 반박하기도 했지만, 앞서 이주영은 충분히 설명한 바 있다. "여성혐오는 여성에 대한 공격만을 의미하는 것이 아닙니다. 여성이란 이유로 차별하는 것, 여성에 대한 부정과 폭력, 성적 대상화 모두가 여성혐오입니다. 그러므로 '여배우'는 여성혐오 단어가 맞습니다."

이보다 4개월 먼저 나왔던 〈동아일보〉의 "여배우가 배우로 되는 순간"이라는 제목의 기사는 '여배우'가 여성혐오적 단어라는 이주영의 발언을 미리 증명한 것처럼 보인다. 과거 손예진의 필모그래피에 대해 "캐릭터에 몰입하기보단 예쁜 척하느라 바쁘다", "절박한 베드신에서도 리얼하고 과감한 노출을 감행하는 일이 없었"다고 비판해 왔다는 기자는, 〈비밀은 없다〉에서의 연기에 대해 "내숭 떨지 않고 예쁜 척하지 않는 데다 울부짖으면서 얼굴이 못생겨지기까지 하는 그를 우리는 처음으로 선물받게 되었다. 오! 이것은 그녀의 배우 선언인 것이다"는 찬사를 보낸다. '여배우'는 '진정한' 배우에 미처 이르지 못한 존재이며 벗어던져야 할 굴레라는 관점은, 같은 기사에서 김민희가 〈화차〉 출연을 계기로 "아마도 여배우가 아닌 진짜 배우가 되고 싶다는 욕망을 품게 된 것으로 추측된다"는 데서도 드러난다. 그리고 "많은 여배우가 몸 사리고 노출을 꺼리면서 달달한 로맨틱 코미디를 찾고 이미지 관리하며 CF 따먹고 다닐 때" 〈아가씨〉의 김민희는 "영화 속으로 자신을 냅다 던져"버림으로써 '배우'가 되었다는 주장은 김민희와 손예진, 그리고 모든 여성 배우에 대한 모독이다. 이들이 자신을 '냅다 던져버릴' 작품조차 좀처럼 만날 수 없는 환경에서는 더더욱.[2]

　"일단 주인공이 여자면 투자사에서 난색을 표해요."

　여성 원톱 영화를 기획 중인 여성 프로듀서 A는 말했다. 그에 따르면 투자자들이 어느 정도 신뢰하는 여배우는 전지현, 김혜수, 손예진, 전도연, 김민희 등 다섯 명가량에 불과하다. 한편에서는 "확실히 투자가 들어올 만한 여배우는 전지현 뿐"이라는 의견도 있고, 그 전지현마저 드라마와 달리 영화에서는 원톱보다 〈도둑들〉이나 〈암살〉처럼 '주요 인물' 중 하나 정도가 안전하다는 시각도 있다. 그러나 남배우로 넘어가면 각 나이대별로 네다섯 명 혹은 그 이상의 풀이 있다. 이를테면 20대는 김수현, 박보검, 임시완, 김우빈, 30대는 하정우, 공유, 강동원, 현빈,

40대는 송강호, 최민식, 김윤석, 설경구 등 투자를 불러오는 이름이 훨씬 많다는 뜻이다.

한국갤럽이 조사해 발표한 '2016년을 빛낸 영화배우 10'은 황정민으로 시작해 마동석으로 끝난다. 이 명단에서 여성은 9위에 오른 〈암살〉의 전지현이 유일하다. 그는 또한 10명 중 유일하게 2016년 개봉작이 없는 배우이기도 하다. 10년 전인 2007년, 같은 조사에서 49.7퍼센트라는 압도적인 비율로 1위를 차지한 것은 전도연이었다. 2008년에는 손예진, 김혜수, 전도연이 나란히 2~4위에 올랐다. 그러나 2009년 이후 5위 안에 여성은 단한 명뿐이거나 아예 없는 추세가 이어졌고, 2014년에는 1~10위까지 모두 남성이 차지했다.

여배우의 역할이, 여성의 존재가 자연스럽게 지워지는 현상은 기획 단계부터 시작된다. 대부분의 시나리오에서 주인공은 물론 조·단역까지 특별한 '사연'이 없는 경우 기본값은 남성이고, 여성 캐릭터 중심으로 기획된 영화에 당시 '핫'했던 남배우가 캐스팅되자 멜로의 비중이 늘며 시나리오가 바뀐 경우도 있다. 스크립터로 참여한 남순아 감독의 제안에 따라 '의사' 역에도 의도적으로 여배우를 캐스팅한, 여고생들의 성장담 〈걷기왕〉은 예외적인 케이스다. 스타급 남배우들이 출연한 한 영화는 '브로맨스 마케팅'을 위해 포스터와 예고편 등에서 주연급 여배우의 존재조차 거의 드러내지 않기도 했다.

독립 영화나 드라마에서 스타로 떠오른 20대 여배우라면 적지 않은 시나리오를 받을 수 있지만 그들에게 제시되는 캐릭터의 대부분은 남자 주인공의 첫사랑, 애인, 유흥업소 종사자 등이다. 다양한 연령대의 여배우 다수와 함께 일해 온 매니지먼트사의 K는 "주인공을 원하는 게 아니라, 단지 제대로 된 스토리 안에서 제대로 기능하는 역할을 하고 싶어할 뿐인데 그런 시나리오를 찾기 어려워요"라고 말했다. 매니지먼트 업계에서 결정권을 가진 대부분의 인물도 남성이다 보니 여성 캐릭터가 단순화·대상화된 시나리오에 대한 문제의식이 크지 않은 것도 사실이다. 하지만 막 커리어를 쌓기 시작한 신인, 가뜩이나 기회가 적은 여배우 입장에서는 막연히 기다리며 공백기를 늘릴 수만도 없다. "시나리오가 다소 아쉽더라도 일단 작품에 들어간 다음 감독님께 잘 말씀드려 보는 거죠. 감독님은 대부분 남자니까, 배우가 술자리나 식사 자리를 마련해 '여자는 이런 상황에서 이러지 않는다' 하면서 제안하고 설득하기도 해요."

누군가의 부인이나 엄마, 마담 정도로 배역이 한정되는 35세 이상 여배우의 커리어는 더 막막한 과제다. K는 "여배우들끼리 모이면 '나도 남자면 좋겠다. 남자 배우들은 양아치도 될 수 있고 변호사도 될 수 있고, 다 할 수 있어서 좋겠다'고 해요"라며 쓴웃음을 지었다. 여배우들이 '굶는 상황'을 너무 많이 봐왔다는 A도 말했다. "아무리 프로필을 돌려도 선택의 기회는 적고, 얼굴이 알려졌으니 아르바이트를 하기도 힘들고, 먹고살려고 드라마를 하면 이미지가 심하게 소모돼요. 어떻게든 마흔까지 버티고 나면 라미란 씨나 김혜옥 씨처럼 잘되기도 하지만 그전에는 너무 불안한 거죠."

어렵게 기회를 잡더라도 여배우들의 '현장'은 또 다른 전쟁터다.

"영화의 꽃, 현장의 꽃이라는 식으로 칭송하듯 차별해요. 여배우는 모두에게 사랑받아야 하고 현장 분위기를 항상 부드럽게 해줘야 한다는 등의 역할을 기대받다 보면 자연스럽게 거기에 행동을 맞추게 되는 거죠."

〈거짓말〉, 〈1999, 면회〉 등에 출연한 배우 김꽃비의 말이다. 실제로 영화 〈도리화가〉 쇼케이스에서 류승룡은 상대역 수지에 대해 "현장에서 여배우가 가져야 할 덕목, 기다림, 애교, 있는 것 자체만으로도 행복감을 주는 수지의 존재감, 꼼꼼함, 이런 것들이 우리 영화가 끝날 때까지 많은 해피 바이러스를 줬던 것 같다"고 말했다. 이 발언으로 논란이 일자 배우 고경표는 자신의 SNS에 류승룡을 비난하는 게시물을 언급하며 "여자는 이해 가는 거야? 저 반응이? 진짜 수지가 기쁨조라고 느껴져? 승룡 선배님이 변태처럼 보이는 발언이었어?"라며 반문했다. 남자인 그는 '이해' 하지 못했던 것이다.

그러나 여성 배우가 '촬영장의 꽃'으로 여겨지는 것은 그들이 남성 동료들과 동등한 존재가 아님을 의미한다. 이들은 '예쁘고 상냥한 여배우'로서의 감정 노동을 암묵적으로 요구받으며 이를 기꺼이 수행하면 칭찬받고, 그렇지 않으면 '까칠하고 거만한 여배우'라는 또 다른 스테레오타입에 갇혀 비난받는다. 담배를 피울 때도, 화장실에 갈 때도, 부당한 상황에서 부정적인 감정을 드러낼 때조차 여배우는 자신을 둘러싼 수많은 눈을 의식할 수밖에 없다. 성희롱이나 성폭력에 직접 대응하기 힘든 것은 물론이다. 영화 〈당신, 거기 있어줄래요〉의 네이버 V앱 생방송 중 팬 서비스 일환으로 함께 출연한 신인 여배우들의 다리를 덮은 담요를 내리겠다고 했다가 사과한 김윤석의 발언에 대해 배우 J는 "그런 일은 숨 쉬듯 흔한 일이에요. 오히려 주류에 있는 40대 남성 배우가 사과를 하는 분위기가 되었다는 것에 놀랐죠"라며 자신의 경험을 털어놓았다. "나이가 좀 있고 유명한 남자 배우랑 촬영을 했는데, '연기 잘하네. 나중에 나랑 같이 격정 멜로 한번 하자'고 하시는 거예요. 그랬더니 옆에 있던 남자 감

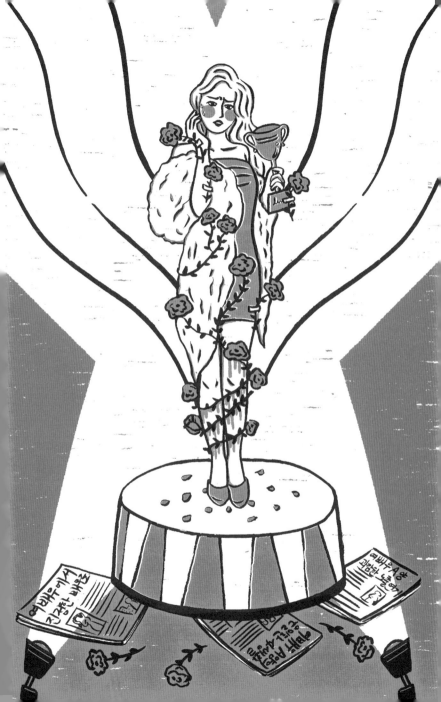

독님이 '내가 그런 거 잘 찍어' 하시더라고요. 그 순간에는 웃었지만 돌아오는 길엔 미칠 것 같았어요. 심지어 그게 일종의 칭찬이었다니……."

연기를 위한 '진정성'이라는 명분 역시 여배우들을 함정에 빠뜨린다. 상업 영화의 경우, 남배우들은 대역 없이 액션 신을 소화했을 때 박수받지만, 여배우들은 노출을 불사한 베드신을 소화해야만 작품에 헌신했다는 찬사를 듣는다. 그러나 정작 이들의 노력은 베드신만 편집되어 P2P 사이트에 떠도는 '엑기스 영상'으로 소비된다. 초상권은 배우의 소속사에 있지만 저작권은 제작사에 있고, "'엑기스 영상'이 돌아야 IPTV 유료 다운로드가 늘어난다"는 말까지 나오면서 삭제는 제대로 이루어지지 않는다. 심지어 업계 경험이 적은 여배우라면 자기도 모르는 사이 '에로물'에 출연하게 될 수도 있다. 배우 S의 경험이다. "소위 '예술성 있는 독립 영화'라며 출연을 설득한 작품이 있었어요. 나중에 보니 시나리오에 몇 줄 안 적혀 있던 베드신을 중심으로 성인영화를 만들었더라고요. 여배우의 무지를 이용하고, 성적인 함의가 없는 신도 에로틱하게 찍어서 제작한 거죠. 남배우와 달리 여배우는 이미지가 한번 이렇게 소비되기 시작하면 커리어에 타격이 크다는 점도 성차별적이라는 생각이 들어요."

작품 홍보나 커리어 확장을 위한 예능 출연 역시 여배우에게는 쉽지 않은 미션이다. 대중이 기대하는 '여배우' 이미지를 유지하며 토크쇼에 나가면 할 얘기가 없고, 솔직하게 말하거나 감정을 드러내면 쉽게 구설수에 오른다. 〈미씽: 사라진 여자〉(이하 〈미씽〉) 프로모션에서 공효진은 〈황금어장〉 '라디오스타'에 출연해 보고 싶다고 말했지만, K씨는 "많은 여배우 소속사에서 '라디오스타'에는 내보내고 싶어하지 않는다"고 말했다. 누군가를 상처 줌으로써 웃기는 게 당연한 분위기에서 혹시라도 기분 나쁜 표정을 짓거나 눈물을 보일 경우 '예민하다', '유난이다'라며 손가락질받는 건 대개 여성 연예인들이기 때문이다. 그는 "남배우에 대한 대중의 부정적 반응은 '못생겼다, 연기 못한다, 촌스럽다' 정도지만 여배우에게는 '외모의 어디가 싫다, 살이 쪘다, 역변했다, 늙었다, 누구랑 잤다더라, 쟤는 끝난 애다' 등 훨씬 다양하고 구체적인 악성 댓글이 쏟아져요. 아무리 연기를 잘해도 배역은 한정적이고, 아무리 멘탈이 강하더라도 이런 상황을 계속 겪으면 동기부여가 되기 어렵죠"고 말했다.

여배우들이 20대 후반만 되면 미디어에서는 끊임없이 연애와 결혼을 종용하고, 작품 관련 인터뷰에서 '상대 배우와 키스신은 어땠느냐'고 묻는다. 연애 사실이 밝혀졌을 때 심하게 비난받고 성적인 욕설을 듣는 것도 여배우다. 온라인에 떠도는 악성 루머 역시 여배우를 끈질기게 괴롭히는 요소다. 예를 들어 'OOO은 스폰서가 있고 성형수술을 했다'는 식의 악성 루머 유포자를 고소한 경우, '스폰서설'이 거짓임을 밝히기 위함인데도 성형하지 않았다는 걸 증명할 수 있는 진단서와 엑스레이 촬영 결과 등의 자료를 제출해야 한다. 이처럼 사생활을 공개해야 하는 과정 자체가 고통스럽기 때문에 많은 여배우들이 법적 대응을 포기하기도 한다.

그러나 수년간 출구가 보이지 않는 듯하던 현실은 미미하게나마 바뀌어가고 있다. K씨는 "〈차이나타운〉개봉 당시, 많은 여배우들이 자신이 출연하지도 않은 이 작품의 성공을 염원했어요. 자신들은 물론 배우 지망생들도 여성으로서 가능성을 볼 수 있길 바랐던 거죠"라고 말했다. 그런 면에서 2016년 〈아가씨〉의 성공과, 김혜수 단독 주연으로 200만 관객을 넘긴 〈굿바이 싱글〉은 고무적인 결과다. 주연 배우들이 여성주의적 메시지를 설파하면서 입소문을 타고 110만 관객을 돌파한 〈미씽〉은 이 척박한 토양에 등장한 하나의 희망이자 중요한 전환점이다. 이지민 촬영감독은 "〈미씽〉현장에서 여성 감독과 여배우들이 술이 아니라 물 마시고 과일 먹고 스트레칭하면서 일했다는 얘기는 단순히 재미있는 에피소드에 그치는 게 아니라 핵심이 담겨 있는 말이에요. 그동안 영화 현장에서 이른바 '여성적'이라고 불리는 소통 방식은 멸시당하고 주류로 인정받지 못해 왔는데 〈미씽〉은 그것이 갖는 가치를 보여준 셈이니까요"라고 말했다.

김태리 주연 〈리틀 포레스트〉의 구정아 프로듀서는 "스케줄 빡빡한 남배우 캐스팅이 하늘의 별 따기가 된 이상, 능력 있는 여배우들을 잘 활용할 수 있는 작품을 기획하는 추세가 생겨나고 있어요. 꼭 무엇에 대한 반대급부가 아니더라도 기획자 입장에서는 영화를 만들려다 보니 우리가 할 수 있는 방법을 찾는 것이죠. 전에는 너무 모험 아니냐고 했던 선택이, 이제 현실적인 대안이 될 수도 있어요"라고 말했다.

결국 이 모험을 성공시키는 것은 좋은 기획과 배우의 만남에서 만들어지는 좋은 작품, 그리고 그에 대한 관객들의 응답일 것이다. 내년의 '여배우'들은 올해보다 더 많이, 높게, 멀리 날아오를 수 있을까. 아니, 그 전에 더는 '여배우'로 불리지 않을 수 있을까.

페미니스트로 사는 게 재미있다

'킬조이(killjoy)'라는 단어가 있다. '남들의 흥을 깨는 사람'이라는 뜻이다. 페미니스트로 산다는 것에 대해 진지하게 고민하기 시작하면서 알게 된 이 단어를 나는 종종 떠올린다. 사회 전반의 여성혐오를 지적하고 개선을 요구하는 이들에게 흔히 쓰이는 멸칭은 '프로불편러'이고, 아무래도 여기에 만족할 수 없었는지 굳이 '프로불편녀'라는 말로 페미니스트를 겨냥하는 이들도 있다. 한국 사회에서 페미니스트로 살기로 한다는 건 끝이 보이지 않는 가시밭길에 들어서는 일과 같다. 가정에서, 학교에서, 직장에서, TV에서, 신문에서, SNS에서 마주하는 혐오와 차별과 폭력에 맞서 '흥'을 깨뜨려야 한다. 어제까지의 나를 부끄러워하게 되는 것은 물론, 지금 이 순간의 나조차 믿을 수 없어 불안하기도 하고, 때로는 '나만 이렇게 생각하나?' 하는 외로움에 휩

싸이기도 한다. 세상에 대한, 그리고 나 자신에 대한 긴장의 끈을 놓지 않고 일상을 산다는 것은 생각보다 더 고통스럽고 피로한 일이다. 하지만 돌아 나갈 마음은 없다. 그래서 나는 여기서 재미를 찾기로 했다.

여성들이 쓴 글이 재미있다.

"나는 남자 작가보다 여자 작가가 쓴 책이 더 좋다."

20년도 더 전, 초등학교 시절에 쓴 일기장에서 이런 구절을 발견하고 깜짝 놀랐다. 독서를 좋아하는 어린이에서 청소년으로, 성인으로 자라는 동안 내가 읽은 책들은 대부분 남성 작가의 이야기였기 때문이다. 잘 이해하지도 못하면서 헤르만 헤세와 마르셀 프루스트를 읽었지만 버지니아 울프와 제인 오스틴은 읽지 않았고, 김훈의 소설을 제대로 읽은 적 없다는 게 왠지 내 지성의 부족처럼 느껴졌다. 하지만 이제 내게는 더 흥미로운 세계가 있다. '맨스플레인'이라는 단어는 무엇을 의미하는가. 19세기 영국에서 여성 참정권을 위해, 그리고 20세기 한국에서 호주제 폐지를 위해 싸운 여성들은 각각 어떤 투쟁의 역사를 가졌을까. 1977년 노르웨이에서 출간된 소설 《이갈리아의 딸들》은 2015년 한국에 나타난 '메갈리아'와 어떻게 연결되어 있을까. 앨리스 브래들리 셸던은 왜 제임스 팁트리 주니어라는 필명으로 활동해야 했을까. 이 모든 것에 대한 이야기가, 서로 다른 시대와 공간을 살면서도 맞닿아 있던 여성들이 쓴 책에 담겨 있다.

여성들의 이야기가 재미있다.

안타깝지만 받아들여야 하는 현실, 페미니스트에게 한국 드라마와 상업 영화 대부분은 견디기 힘든 콘텐츠다. 여성의 존재는 지워지거나 지극히 얄팍하게 다루어지고, 여성 시청자를 타깃으로 한 작품에도 여성혐오가 지뢰처럼 뿌려져 있다. 다시 한 번 받아들여야 하는 현실, 페미니스트라면 한국 코미디와 버라이어티쇼 역시 거의 보기 힘들다. 여성들이 주변부로 밀려나고 미녀와 추녀의 이분법 사이에서 끊임없이 성적 대상화되는 모습을 보는 것은 고통스럽고 당연히 재미도 없다. 그러나 세상에는 분명 재미있는 여자들이 많다. 2017년 한국 최고의 유튜브 스타는 박막례 씨다. 치매를 염려한 손녀의 권유로 유튜브를 시작한 이 70대 여성은 '치과 갈 때 메이크업', '패밀리 레스토랑에서 파스타 먹기' 등의 영상으로 뛰어난 입담과 새로운 세상에 대한 호기심을 보여주며 뜨거운 인기를 모았다. 재미있는 여자들의 목소리를 듣고 싶다면 〈독일언니들〉, 〈씨네필은 아니지만〉 등 여성들이 제작·진행하는 팟캐스트도 있다. 페미니즘을 전면에 내세운 콘텐츠들은 아니지만 한국 미디어의 '주류' 정서에서 벗어난 소재와 시각만으로도 다소 숨통이 트인다.

기부 피싱이 재미있다.

한국여성민우회(#2540-3838)와 한국여성의전화(#2540-1983)로 문자 한 통에 3천 원을 후원할 수 있다는 사실을 누구보다 효과적으로 홍보한 인물은 아이러니하게도 후원 독려 트윗을 "기부가 되는 피싱 범죄"라고 비난했던 한 트위터 사용자였다. '기부 피싱'이라는 놀라운 발상 전환에 매력을 느낀 페미니스트들은 기꺼이 피싱의 희생양이 되기를 자처하며 후원 문자로 자신의 '덕질' 장르를 영업하거나, 야근의 고통을 토로하거나, 일상을 공유하거나, 소원을 빌거나, 혹은 그냥 아무 말이나 보내기 시작했고, 한국여성의전화 담당자는 이 뜨겁고도 두서없이 쏟아져 들어온 메시지들을 흥미진진하게 정리해 발표함으로써 끊을 수 없는 피싱의 굴레를 만들어냈다.

생리에 대한 농담이 재미있다.

'진정한 여자가 되는 과정'이라는 말은 집어치우자. 꽃다발도 축하도 '아름다운 하혈'이라는 의미 부여도 필요 없다. 생리(월경)는 자궁 내막의 주기적 탈락으로 인한 출혈로, 내장을 쥐

225

어쩌는 고통과 굴을 낳는 듯한 불쾌감을 동반하는데, 그 와중에 내가 폭소한 농담은 항공기에서 뿜어져 나오는 붉은 비행운 사진 아래 달린 '생리 중에 재채기할 때'라는 설명이었다. 여성의 몸에 대해 여성들이 솔직하게 말할 수 있다는 것이 얼마나 편안한 일인지 예전에는 미처 몰랐다. 게다가 '생리대'라는 말만 들어도 충격과 수치심을 느낀다며 제발 '위생용품'이라고 바꿔 말해 달라는 남성들이 있는 한 생리대와 생리통, 생리혈, 생리컵에 대한 이야기는 재미있을 수밖에. 참고로 "자취하는 여자 집에 놀러 가면 생리컵에 커피 타준다"는 놀라운 댓글에 한 페미니스트는 그것이 가능한지 실험해 보기도 했는데, "보통 마시는 용량의 커피를 마시기 위해서는 생리컵에서 3번, 혹은 4번 정도 타 먹어야 하며, 3만 원가량 하는 비싼 생리컵에 커피를 타 주느니 그냥 머그컵에 타는 게 낫다"[3]고 한다. 물론 이조차도 김훈의 소설 〈언니의 폐경〉에서, 갑자기 생리를 시작해 피에 젖은 언니의 팬티를 여동생이 잘라내 버렸다는 기상천외한 묘사를 따라갈 수는 없지만 말이다. 다시 말하지만 이 소설의 제목은 〈언니의 초경〉이 아니다.

인지 부조화 관찰이 재미있다.

그때부터였던 것 같다. "임신보다 낙태를 더 많이 하는 김치년들"이라는, 발화자가 이성을 완전히 상실했음을 증명하는 표현 덕분에 분노보다 웃음이 먼저 터져버리게 된 것이. 서양에서는 페미니즘이 아니라 '젠더 이퀄리즘'이 대세라는 '팩트'가 한나무위키 유저의 '주장'에 불과했다는 것이 밝혀질 때, 페미니스트에 대한 적개심을 토로하는 이들이 "없던 여성혐오가 생길 지경"이라는 말로 '있던 여성혐오'를 증명할 때, "저도 진정한 페미니즘은 지지합니다만"이라는 말로 여성혐오적인 내용의 글이 시작될 때, 그 현장을 지켜보는 것이 재미있다. 악취미긴 하지만.

내 인생을 선택하는 게 재미있다.

여성의 교육수준과 소득수준이 상승함에 따라 하향선택 결혼이 이루어지지 않는 사회관습 또는 규범을 바꿀 수 있는 문화적 콘텐츠 개발이 이루어져야 함. 이는 단순한 홍보가 아닌 대중에게 무해한 음모 수준으로 은밀히 진행될 필요가 있음.

2017년 2월 22일, 한국보건사회연구원이 내놓은 '제13차 인구포럼: 주요 저출산대책의 성과와 향후 발전 방향' 보도자료 중 한 대목이다. 문제는 지난해 말 공개된 행정자치부의 '대한민국 출산지도'에 이어 이 놀라운 음모 역시 은밀하지 않게 공개되어, 인터넷을 사용할 줄 알고 글을 읽을 줄 아는 페미니스트들에게 발각되고 말았다는 사실이다. 그러나 놀랍겠지만 여성도 선택이라는 걸 할 수 있다. 남자를 만날 수도, 남자가 아닌 사람을 만날 수도, 누구도 안 만날 수도, 결혼을 할 수도 안 할 수도, 아이를 낳을 수도 안 낳을 수도 있다. 게다가 내 마음대로 사는 것만으로도 차별주의자들을 분통 터지게 할 수 있다니, 이 얼마나 신나는 일인가.

여성들과 나누는 이야기가 재미있다.

한국에서 많은 여성의 삶은 결혼 전과 결혼 후, 무엇보다 출산 전과 출산 후로 크게 변한다. 삶의 중심이 바뀌는 만큼 친구 간에도 각자의 상황에 따라 공감대가 크게 줄기도 하고, 인력을 충분히 배치하지 않는 시스템 때문에 한 직장 내 비혼 여성과 기혼 여성이 각기 다른 형태의 불이익을 감수하며 갈등을 겪기도 한다. 그러나 페미니즘에 대해 생각하고 나서 내가 전보다 훨씬 더 관심을 갖게 된 것은 오히려 아이 없는 기혼 여성인 나와 다른 형태의 삶을 살고 있는 비혼 여성들과 아이가 있는 기혼 여성들의 삶이었다. 결혼과 출산으로 일을 그만두었던 친구가 새로운 분야에 도전해 취업하게 되었을 때, 각기 다른 형태의 삶을 살고 있는 친구들 모두 자기 일처럼 기뻐했다. 그것이 얼마나 크고 의미 있는 성취인지 예전보다 훨씬 잘 알게 되었기 때문이다. 이처럼 나 자신뿐 아니라 한 사람 한 사람의 여성들이 이 사회, 혹은 다른 사회에서 각자의 숙제를 안고 살아가는 과정을 나누고 서로 응원하는 것 또한 일상의 새로운 즐거움이다.

메갈리아 이후,
어떻게 싸울 것인가

2017년 여름, 왁싱숍을 운영하던 여성이 손님을 가장해 찾아온 남자에게 살해당했다. 범인은 몇 달 전 한 남성 BJ의 방송에 등장했던 피해자가 닫힌 공간에서 혼자 일하는 여성임을 알게 되었고, 정보를 차근차근 수집해 그를 찾아왔다. 범인은 강간을 시도했고, 피해자를 칼로 찔렀고, 샤워를 하고 나온 뒤에도 그가 살아 있는 것을 보고 다시 찔러 살해했다. 강남역 여성혐오 살인 사건이 벌어진 지 13개월 2주 뒤의 일이다.

　어떤 것들은 오래되어 바닥에 눌어붙은 껌처럼 기억 속에서 떨어져 나가지 않는다. 수면 아래 가라앉아 있던 찌꺼기처럼 물이 출렁이면 한꺼번에 떠올라 마음을 어지럽히기도 한다. 열한 살 때, '성폭행'이라는 말을 처음 들었던 순간의 기억은 이상하게도 생생하다. 어른들은 어딘가에 보도된 아동 성범죄 사건에 대해 걱정스레 이야기를 나누고 있었다. 아무에게도 말하지 않았지만, 나는 머리가 짧으니까 나쁜 사람이 봐도 여자아이인 줄 모를 거라고 스스로를 다독였다. 그렇게 믿지 않으면 무서워서 견딜 수 없었다. 한 20대 여성이 일하다 알게 된 아버지뻘 남성에게 끌려가 강간당하고, 수년에 걸쳐 폭행과 강간·살해 협박에 시달리다 간신히 경찰서로 도망쳐 신고한 뒤에도 그가 출소한 이후를 두려워하며 살고 있다던 기사를 읽은 것은 수년 전이지만, 나는 가끔 그 여성이 어떻게 지내고 있을까 생각한다. 병원에 갔다가 아들뻘 직원에게 강간당해 신고했지만 범인보다 나이가 많다는 이유로 의심과 조롱 어린 시선을 받다가 자살한 여성도 잊지 못한다. 다른 여성들에게 생긴 일이 나에게도 언제 닥칠지 모른다는 공포에서 완전히 벗어날 수 있는 날이, 살면서 정말 올까. 대입 원서를 쓰던 무렵 PC 통신 게시판의 남성 사용자들이 이화여대 학생들에게 쏟아냈던 원색적인 욕설도, 지하철에서 모르는 남자에게 갑자기 얼굴을 맞아 눈가가 찢어졌을 때 바닥에 뚝뚝 떨어지던 핏방울도. 나의 기억은 어느 순간 다른 여성들에 대한 기억과 뒤엉켜 끝없이 이어진다.

지금은 사라진 커뮤니티, 메갈리아에 대한 내 기억 또한 새

벽 무렵 종종 올라오던 근친 성폭력 생존자들의 고백 글들에서 시작된다. 아버지, 오빠, 남동생, 삼촌, 사촌 등 가까운 사람에게 입은 상처를 아무에게도 말할 수 없었다는, 심지어 어렵게 털어놓았음에도 가족들이 가해자를 격려하거나 징벌해 주지 않고 조용히 넘길 것을 종용해 혼자 잊으려 노력해 왔다는 글들 아래에는 "네 잘못이 아니다"라는 댓글이 수십 개씩 이어졌다. 그리고 생존자들은 말했다. "이렇게 말해 주는 사람은 너희가 처음이다." 메갈리아에서 읽었던 수많은 글 가운데, 나는 유독 그 말들을 잊지 못한다.

2015년 8월 문을 연 메갈리아는 그동안 포털 사이트 뉴스 댓글에서, 페이스북의 '김치녀' 페이지에서, 다수의 온라인 커뮤니티에서 일상적으로 무수하게 이루어지던 여성혐오에 공격적인 언어로 대응하는 여성들의 커뮤니티였다. 그러나 몇 달 뒤, 남성 성소수자에 대한 비하 용어 사용과 관련한 내부 갈등으로 분열을 겪으며 급속히 침체되었고, 일부 이용자들은 '워마드'나 페이스북 '메갈리아 4' 페이지 등 각각의 입장에 따라 새로운 커뮤니티로 거점을 옮겼다. 그리고 2016년, 서버 호스팅 기한이 만료된 메갈리아는 조용히 사라졌다. 메갈리아가 폭발력을 가졌던 것은 반년도 채 되지 않는 짧은 기간이었다. 하지만 지금도 여전히 SNS와 여성 커뮤니티에서 종종 볼 수 있는 "메갈은

혁명이었다"는 말은 이 커뮤니티가 10대에서 30대 사이, 오프라인과 온라인에서의 삶이 비슷한 비중으로 존재하는 세대의 한국 여성들에게 끼친 영향을 보여준다.

긴, 그리고 일방적인 전쟁이었다. 여성혐오가 일종의 레포츠처럼 뿌리내린 한국의 온라인 공간에서 여성 집단은 아무 이유나 근거 없이도 비하·조롱·성적 모욕의 대상이 되었고 여성 개인은 이에 더해 수시로 '신상털이' 등의 위협에 시달려왔다. 오랫동안 온라인에서 여성들이 자신을 지킬 수 있는 방법은 성별을 드러내지 않고, 포털 사이트 뉴스의 댓글을 외면하고, 폐쇄형 여성 커뮤니티로 숨어드는 것뿐이었다. 그러나 메갈리아의 등장은 이 싸움의 전선을 바꿔버렸다. 그동안 남성들이 여성들을 향해 사용해 온 폭력적 언어를 성별만 바꿔 되돌려주는 '미러링'은, 그것의 본래 의도가 영리한 전략이었든 더 이상 견딜 수 없어 터져 나온 절규였든 상관없이 폭발적으로 확산되었고 놀라운 반향을 일으켰다. 남성들의 분노와 혐오를 두려워하지 않고 외부의 평가에 개의치 않는 여성들의 집단은 도촬 범죄와 디지털 성폭력을 사회적 의제로 끌어올렸고, 약물을 이용한 성폭력과 강간 모의 등이 지속적으로 이루어져 온 '소라넷' 폐쇄에 기여한 것을 비롯해 자생적이고 대중적인 페미니즘 운동의 다양한 가능성을 보여주었다.

　물론 2015년 초부터 이루어져 온 여성혐오 이슈 관련 브랜드나 제품의 불매운동, 언론사의 여성혐오 표현에 대한 항의, 강남역 여성혐오 살인 사건 추모 행동 등이 모두 메갈리아의 영향이었다고 할 수는 없을 것이다. 그러나 메갈리아가 약 4개월 동안 판세를 완전히 뒤흔들어 놓은 것만은 분명하고, 이는 여전히 여성혐오자들에게 '죽은 메갈'이 가장 대표적이고 위협적이며 악마적인 존재로 불리는 이유기도 하다.

　그래서 자신이 페미니스트임을 드러내는, 혹은 누군가 페미니즘을 지지한다는 이유로 불이익을 받아서는 안 된다고 믿는 사람들은 '메갈'이 된다. 그가 메갈리아의 회원이었든 아니든, 실제로 어떤 말과 행동을 했든 중요하지 않다. 과거 '꼴페미'라는 표현이 그랬듯, '메갈=여자 일베'라는 낙인은 메신저를 모독함으로써 메시지의 가치를 떨어뜨리기 위해 겨누어진다. "너 메갈이지?"는 사상 검증과 낙인찍기의 언어다. 메갈리아가 등장했을 때 '진짜 페미니즘'과 '메갈'은 다르다고 주장했던 이들은 수십 년 동안 여성운동가로 활동해 온 여성 국회의원을 향해서도 '골수 메갈'이라고 외친다.

대중문화 영역에서의 여성혐오에 대해 깨닫고 글을 쓰기 시작한 뒤, 한 강연에서 이런 질문을 받은 적이 있다. "여성혐오적 콘텐츠를 비판하는 기사가 포털 사이트에 노출되면 '기자가 메갈이네' 같은 댓글을 비롯해 욕설이 굉장히 많이 달리는데 그런 반응을 보면 상처받지 않으시나요?" 하지만 메갈리아가 뜨거웠던 그 시간 동안 내가, 우리가 배운 것은 '김치녀, 보전깨' 같은 말에 다 같이 화를 낼 수 있다는 것, 여성을 모욕하는 이들에게 그 말들을 되돌려 줄 수 있다는 것, 여성을 둘러싼 달콤하면서도 기만적인 말들 또한 우리를 조이는 코르셋이라는 것이었다. 무엇보다 내가 느낀 가장 큰 변화는 여성혐오자들의 말과 평가를 두려워하지 않게 되었다는 것이다. 머리로는 알고 있어도 마음으로 받아들이기는 어려웠던, 맞설 수 있고 흘려 넘길 수 있는 용기가 생긴 것은 이름을 알 수 없는 수많은 여성들의 목소리 안에서였다.

　이처럼 나의 기억은 다른 여성들의 기억으로 이어지고 나의 경험 또한 다른 여성들의 경험과 연결된다. 언젠가부터 나는 집에 혼자 있을 때는 택배를 받지 않는다. 온라인에 내 동선과 주거지를 노출하지 않으려 노력하고, 그 밖에도 나만이 알고 있는 여러 가지 방식으로 내 안전을 도모한다. 하지만 어떤 것도 나를 완벽히 지켜주지 않는다는 사실을 나는 경험으로 알게 되었

다. 혼자서 '조심'한다 해도 모든 위험에서 벗어날 수는 없다.

다시, 왁싱숍에서 살해당한 여성에 대해 생각한다. 피해자를 아프리카 TV에 출연시킨 BJ는 방송을 통해 여성 왁서를 성적 대상화했다. 제모 기술자인 여성은 자신의 일을 했을 뿐이지만 그 자체로 남성들에게 성적 흥분을 불러일으키는 존재로 취급받았고, 이를 시청한 남성들 중 한 사람이 그를 범행 대상으로 삼아 살해했다. 이 황망함을 어떻게 받아들여야 할까. 여성이 위험 속에 산다는 것은 무엇인가. 여성혐오적 콘텐츠는 어떻게 실질적으로 여성을 위협하는가. 심지어 사건 이후 얼마 지나지 않아 한 웹툰 사이트에서는 왁싱숍을 퇴폐 업소처럼 묘사하고 여성 왁서가 유사 성행위 서비스를 제공하는 만화를 연재하기 시작했다.

그래서 나는 계속 싸우기로 했다. 여성혐오 발언을 했던 코미디언에게 프로모션 광고를 맡긴 기업에 항의와 구독 해지 의사를 표하고, 여성 대상 범죄를 근절하기 위한 법안을 발의한 국회의원에게 후원하며, 국민신문고의 문을 끈질기게 두드리고, 그 밖에 내가 할 수 있는 모든 수단을 동원해서.

2017년 여름에서 가을 사이, 서울역사박물관에서는 1960~1970년대 독일로 떠났던 한국 간호 여성들의 삶을 다루는 전시가 열렸다. 내 어머니의 친구들이 그랬듯, 오래전 먼 길을 떠나 자신의 삶을 개척하고 연대하고 뿌리내린 이들의 이야기가 담긴 전시장 한편에는 이런 글귀가 적혀 있었다. 나는 오랫동안 이 글을 바라보았다.

여성들이 말을 한다는 것.

나는 아나이스 부인으로서 말하기 시작해야 할 뿐만 아니라,

많은 여성들을 위해서 말을 해야만 한다.

내가 나를 발견하는 동안, 나는 나 자신이 수많은 여성들 중의 하나임을,

전체 여성의 상징이라고 느끼게 된다.

나는 과거의 여성과 오늘날의 여성을 이해하기 시작한다.

과거 침묵하는 여성들은 드러내지 못한 감정들 뒤에서 말없이 숨어 있다.

오늘날의 여성들은 열렬히 행동하며 남성들을 흉내 낸다.

나는 그 사이에 있다.

아나이스 닌의 일기, 1978년 여성수첩 중에서

나는 페미니스트 선생님을
만난 적이 있습니다

2017년 8월, 페미니즘 교육의 필요성에 대한 소신을 밝힌 초등 교사 A가 심각한 인신공격과 민원 폭탄에 시달리자 그를 인터뷰했던 온라인 매체 닷페이스는 직접 민주주의 프로젝트 정당 '우주당'과 함께 "우리에겐 페미니스트 선생님이 필요합니다"라는 캠페인을 진행했다. 수백 명의 사람들이 자신의 경험을 바탕으로 학교에 페미니즘이 필요한 이유를 이야기한 결과물이 교육청에 전달되었고, 나 역시 그중 한 사람으로 이 글을 썼다.

초등학교에 입학했을 때, 저는 반에서 가장 키가 큰 여학생이었습니다. 제가 저보다 작은 친구들의 치마를 들치고 도망치는 남학생들을 붙잡아 혼내줄 때, 학교에서는 아무도 그 애들에게 그러지 말라고 훈계하지 않았습니다. 초등학교 3학년이 되자 같은 반 남학생이 저를 끊임없이 놀리고 괴롭혔습니다. 참다못해 선생님께 말씀드리자 "너를 좋아해서 그러는 거야"라는 답이 돌아왔습니다. 그 순간 느꼈던 억울함과 답답함은 30여 년이 지난 지금도 종종 떠오릅니다. 고학년이 되었을 때 순하고 얌전한 여학생들만 골라 브래지어 끈을 잡아당기거나 신체를 만지고 도망가던 남학생들의 모습도 잊지 못합니다. 어른들은 아이들 장난으로 여겼을지 모르지만, 학교는 우리 여학생들에게 평등한 공간도 안전한 공간도 아니었습니다.

여고에 다닐 때는 적지 않은 수의 남자 교사가 복장 검사나 진로 상담을 핑계 삼아 학생들을 성희롱하거나 추행했습니다. 하지만 우리가 할 수 있는 것은 뒤에서 선생님의 험담을 하거나 상담실에 단둘이 있게 되는 상황을 눈치껏 피하는 정도였습니다. 지나고 생각해 보니 우리는 그럴 때 대응할 수 있는 방법도, 대응할 수 있다는 가능성 자체도 알지 못했던 것 같습니다. 아무도 그런 일이 있을 수 있다는 것을, 그럴 때 어떻게 해야 한다는 것을 가르쳐주지 않았습니다. 학교에서는 "여자애들이 교실을 이렇게 더럽게 쓰면 시집 못 간다"거나 "다 큰 계집애들이 남자 앞에서 다리를 벌리고 앉아 있냐"는 말들만이 우리의 행동 하나하나를 옭아맸을 뿐입니다.

하지만 저에게는 페미니스트 선생님이 계셨습니다. 중학교 2학년 때 저희 반 담임을 맡으신 P 선생님께서는 모두에게 책을 한 권 읽게 하셨습니다. 《세상의 절반, 여성 이야기》였습니다. 그동안 당연한 것으로 알고 있던 우리 사회의 성차별과 불평등에 대해 깨우치고 의문을 갖게 된 것은 P 선생님의 가르침 덕분이었습니다. 청소년에게 믿을 수 있는, 내 이야기를 들어주고 함께 고민해 주는 어른이 있다는 것은 무척 큰 행운이었습니다. '여자답게'라는 말에 얽매일 필요 없다는 가르침 덕분에 있는 그대로의 제 자신을 덜 미워할 수 있었고, 제 삶의 가능성을 더 넓힐 수 있었습니다. 그리고 '남자 농구'만 있던 특별활동 시간에 '여자 농구'도 만들어달라고 무작정 찾아간 저의 말을 경청하고 즉시 실행에 옮겨주셨던 교장 선생님에 대한 감사함도 잊을 수 없습니다. 초등학교부터 대학교를 거치며 많은 선생님들을 만났지만 저는 이 두 분에게서 가장 중요한 것들을 배웠다고 생각합니다. 나의 목소리를 내고, 부딪히고, 성취하는 경험은 인간이 성장하는 데 무엇보다 소중합니다.

요즘 초등학교, 중·고등학교 여학생들이 학교라는 공간에서 여성으로서 겪게 되는 폭력에 대해 털어놓는 것을 볼 때마다 너무나 미안하고 시민의 한 사람으로 책임을 느낍니다. 제가 학교에 다니던 때보다 훨씬 심각한 여성혐오적 콘텐츠가 초등학생들 사이에서조차 걷잡을 수 없이 확산되고 있는 지금, 학교에는 무엇보다 페미니즘이 필요합니다. 저의 10대 시절에 P 선생님이 계셨던 것처럼, 우리에게는 더 많은 페미니스트 선생님이 필요합니다. 아니, 모든 선생님은 페미니스트여야 한다고 믿습니다.

미주

시작하며

1 리베카 솔닛, 《여자들은 자꾸 같은 질문을 받는다》, 김명남 옮김(창비, 2017). 이 책에서 리베카 솔닛은 '봉기의 해'라는 글을 통해 2014년 북미에서 발생했거나 폭로된 여성혐오 살인 및 성폭력 사건들을 언급하며 세상이 변했다고, 여성들이 오랫동안 지속되었던 침묵으로부터 벗어나고 있다고 말한다. 이 글은 이렇게 끝난다. "시끄러웠던 2014년은 끝이 아니다. 하지만 어쩌면 끝의 시작일지 모른다."(145쪽)

Part 1. 한국에서 여자로 산다는 것

여학생, 결코 돌아가고 싶지 않은 시절

1 김준호, "대전교육청 '사춘기 학생들이 장난삼아 한 부적절 행위'", 〈연합뉴스〉, 2017년 6월 27일, http://www.yonhapnews.co.kr/bulletin/2017/06/27/0200000000AKR20170627139251063.HTML?input=1195m

2 박태훈, "고3 여고생에게 '넌 딱 내 스타일, 네 마음 뺏고 싶다' 성희롱한 50대 담임", 〈세계일보〉, 2017년 4월 19일, http://www.segye.com/newsView/20170419003403

3 오원석, "'여학생 55명 성추행' 여주 교사… 검찰서 혐의 인정", 〈중앙일보〉, 2017년 8월 26일, http://news.joins.com/article/21877353

4 허진무, "'성적 묘사 논란' 이번엔 유명 미술평론가", 〈경향신문〉, 2016년 12월 2일, http://news.khan.co.kr/kh_news/khan_art_view.html?artid=201612022115045&code=940100

5 김형규, "'배꼽티·짧은 치마는 안전하지 않아' 성차별·편견 부추기는 왜곡된 성교육", 〈경향신문〉, 2017년 8월 11일, http://news.khan.co.kr/kh_news/khan_art_view.html?artid=201708112153005&code=940100

6   김선경, "교사가 여고 교실에 몰카 설치… 교육당국 안이한 대처 도마에", 〈연합뉴스〉, 2017년 8월 3일, http://www.yonhapnews.co.kr/bulletin/2017/08/03/0200000000AKR20170803147800052.HTML?input=1195m

7   정은혜, "'좋은 대학 못 가면 성을 팔 수도 있다' 훈화한 창원 A여고 교장", 〈중앙일보〉, 2017년 8월 17일, http://news.joins.com/article/21849642

8   치이즈·엘사, "학교 안에서 학생들은 할 수 있는 게 없다 – 내서여고 남교사 몰카 사건 최초 고발자 인터뷰", 청소년신문 〈요즘것들〉, 2017년 8월 8일, http://yosm.asunaro.or.kr/255

몰카의 왕국에서 살아남기

9   연규욱, "경찰, 피서철 '몰카' 유포·촬영자 983명 검거", 〈매일경제〉, 2017년 8월 27일, http://news.mk.co.kr/newsRead.php?year=2017&no=573794

10 정승임, "성범죄 전담 판사가 지하철서 몰카", 〈한국일보〉, 2017년 7월 21일, http://www.hankookilbo.com/v/ca8e1d530a424ebfbfcbf91391415976

김지영 씨가 남긴 것

11 조남주, 《82년생 김지영》(민음사, 2016), 165쪽

12 같은 책, 72쪽

13 같은 책, 144쪽

14 같은 책, 136쪽

'갱년기 농담'을 던지기 전에

15 수잔 스왈츠, 《나는 주름살 수술 대신 터키로 여행간다》, 이혜경 옮김(나무생각, 2002), 109쪽

16 같은 책, 106쪽

17 캐롤 슐츠·메리 젠킨스, 《폐경기 증후군 이겨내는 법: 60초 여성 맞춤 프로그램》, 최경은 옮김(매일경제신문사, 2008), 194쪽

엄마의 모든 시간, 양육이라는 노동

18 오나 도나스, 《엄마됨을 후회함》, 송소민 옮김(반니, 2016), 236쪽

19 남재현, "금연구역서 흡연 항의했더니 뺨 때려 '쌍방폭행' 논란", MBC,

2016년 8월 6일, http://imnews.imbc.com/replay/2016/nwdesk/article/4059705_19842.html

살아남은 여성들의 세계: 강남역 여성혐오 살인 사건 이후

20 리베카 솔닛, 《남자들은 자꾸 나를 가르치려 든다》, 김명남 옮김(창비, 2015), 183쪽

21 제임스 팁트리 주니어, 〈체체파리의 비법〉, 《체체파리의 비법》, 이수현 옮김(아작, 2016), 23쪽

22 전재욱, "대법, '강남역 살인사건' 징역 30년… '여성혐오 범죄 아냐'", 〈이데일리〉, 2017년 4월 13일, http://www.edaily.co.kr/news/NewsRead.edy?SCD=JG41&newsid=03217686615895792&DCD=A00704&OutLnkChk=Y

23 위의 책, 49쪽

Part 2. 대중문화 속 혐오 바이러스

방송통신심의위원들은 왜 모두 남자일까

1 방송통신심의위원회, 〈2015년 제11차 방송심의소위원회 회의록〉

2 ㅡ, 〈2015년 제8차 방송통신심의위원회 정기회의 회의록 회의발언내용〉

3 ㅡ, 〈2016년 제35차 방송심의소위원회 정기회의 회의록〉

4 ㅡ, 〈2016년 제20차 방송심의소위원회 정기회의 회의록〉

5 ㅡ, 〈2016년 제35차 방송심의소위원회 정기회의 회의록〉

6 정민영, "방송통신심의위원회, 위원 구성 다양화 시급하다", 〈미디어오늘〉, 2016년 6월 4일, http://www.mediatoday.co.kr/?mod=news&act=articleView&idxno=130338

7 사단법인 한국성폭력상담소, [성명] 3.8 세계여성의날 기념 젠더폭력 근절을 위한 여성·인권단체 공동 기자회견문, http://sisters.or.kr/load.asp?sub_p=board/board&b_code=2&page=1&f_cate=&idx=3806&board_md=view

8 아이린 카먼·셔나 크니즈닉 지음, 《노터리어스 RBG: 루스 베이더 긴즈

버그의 삶과 시대》, 정태영 옮김(글항아리, 2016), 157쪽

더 이상 설레지 않습니다: 한국 드라마 속 로맨스의 폭력적 클리셰

9   로빈 월쇼,《그것은 썸도 데이트도 섹스도 아니다》, 한국성폭력상담소 부
       설연구소 울림 옮김(미디어 일다, 2015), 103쪽

10   손문숙 · 조재연, 〈2016년 데이트폭력 피해 실태조사 결과와 과제〉(한국
       여성의전화, 2017)

11   김보화, 〈'치정'과 '멜로', 그 경계에서 데이트폭력을 묻다〉,《반성폭력 이
       슈리포트》10호(한국성폭력상담소 부설연구소 울림, 2016)

어떻게 대해도 괜찮은 사람: 걸 그룹이라는 '신분'에 대하여

12   김지하, "스텔라는 '섹시퀸'이고 싶지 않았다", 〈티브이데일리〉, 2017년
       7월 12일, http://mtvdaily.asiae.co.kr/article.php?aid=14998212111
       257900010#_adinctep

13   "악마의 편집을 왜 하지 말라고만 할까? 〈쇼미〉, 〈프듀〉 한동철 PD 인터
       뷰",《하이컷》178호, 2016년 7월 21일

14   위근우, "걸 그룹 극한 직업 | GIRL IS NOT A DOLL",《아이즈》, 2016년
       6월 28일, http://ize.co.kr/articleView.html?no=2016062610097241665

'센스'란 무엇인가: 여자 연예인에게만 엄격한 잣대에 대하여

15   시와, "내 마음속 여성혐오(misogyny)", 위드시와, 2017년 8월 7일, http://
       withsiwa.blog.me/221068484010

Part 3. 한국 남자들이 사는 세상

'아재파탈'이라는 허상

1   뉴스큐레이션팀, "오빠 아닌 아저씨 아닌 '아재'라 불리는 사람들", 〈조
       선일보〉, 2016년 6월 7일, http://news.chosun.com/site/data/html_
       dir/2016/05/31/2016053102476.html

2   황지영, "[트렌드기획] '아재파탈이 뜬다'… 나이차 극복 로맨스", 〈한국일

보〉, 2016년 5월 9일, http://www.hankookilbo.com/v/c34e106e3feb4a2880a908bf673c47a1

3 정종훈, "[시선 2035] 아재를 위한 변명", 〈중앙일보〉, 2016년 5월 20일, http://news.joins.com/article/20053305

남자의 이야기 속 강간 피해자는 어디로 가는가

4 이화정, "[스페셜] 청년을 위로하는 범죄 어드벤처 – 〈조작된 도시〉 박광현 감독", 《씨네21》, 2016년 12월 26일, http://www.cine21.com/news/view/?mag_id=86054

'알탕 영화'의 법칙

5 김현민, "한국 영화 남초 시대 | ① 한없이 지루해진 지옥도", 《아이즈》, 2016년 9월 29일, http://www.ize.co.kr/articleView.html?no=2016092522007276297

6 듀나, "[아수라], 또 하나의 '알탕 영화'", 〈한겨레〉, 2016년 12월 26일, http://www.hani.co.kr/arti/culture/movie/764880.html#csidx2f64f1a34324e7bbc5d9f165616e024

자연인이 되고 싶은 남자들

7 강신주, "[철학자 강신주의 비상경보기] 인간다운 삶을 가로막는 괴물, 냉장고", 〈경향신문〉, 2013년 7월 21일, http://news.khan.co.kr/kh_news/khan_art_view.html?artid=201307212131165&code=990100

여자를 증오하는 남자들

8 온라인뉴스부, "'갓건배 추적' 유튜버에 네티즌 '살인예고남 검거하라'", 〈서울신문〉, 2017년 8월 11일, http://www.seoul.co.kr/news/newsView.php?id=20170810500093&wlog_tag3=naver

9 이효석, "'죽이러 간다' BJ 생방송에 경찰 수사 소동… BJ에 범칙금 5만원", 〈연합뉴스〉, 2017년 8월 10일, http://www.yonhapnews.co.kr/bulletin/2017/08/10/0200000000AKR20170810151500004.HTML?input=1195m

10 송성환, "초등생 '욕설 영상' 유행… 인터넷 윤리교육 '시급'", EBS뉴스,

2017년 8월 23일, http://news.ebs.co.kr/ebsnews/allView/10741237/N

11 윤승민 · 심윤지, "유튜버 '갓건배' 논란에 동조한 남자 초등 · 중학생들", 〈경향신문〉, 2017년 8월 11일, http://news.khan.co.kr/kh_news/khan_art_view.html?artid=201708111551001&code=940100

12 진냥, 〈교직에서 살아가는 우리들의 이야기 – 강남역 여성혐오 살인과 학부모 · 지역 주민 집단 성폭력 사건에 부쳐〉, 《오늘의 교육》 33호, 2016년 7월 29일, http://combut.maru.net/xe/index.php?mid=journal_content&document_srl=2616&category=2578

13 송성환, "[단독] '성평등교육'에 쏟아진 '민원 폭탄'… 서울교육청은 '뒷짐'", EBS 뉴스, 2017년 8월 9일, http://news.ebs.co.kr/ebsnews/allView/10734762/N

14 스티그 라르손, 《여자를 증오한 남자들》, 임호경 옮김(문학동네, 2017), 16쪽

15 같은 책, 156쪽

16 같은 책, 318쪽

17 같은 책, 520쪽 *해당 도서는 2017년 문학동네에서 재출간 되었습니다.

18 재오 글·김홍모 그림, 〈울지 않는 소년〉 12화, 케이툰, http://www.myktoon.com/web/times_view.kt?webtoonseq=446&timesseq=46216

Part 4. 그래서 페미니즘

여배우, 꽃이라 불리며 가시밭길을 걷는 사람들

1 배재성, "'여배우'란 용어는 '여혐' 주장… 이주영 SNS 폐쇄", 〈중앙일보〉, 2016년 12월 10일, http://news.joins.com/article/20949405

2 이승재, "[이승재 기자의 무비홀릭] 여배우가 배우로 되는 순간", 〈동아일보〉, 2016년 6월 30일, http://news.donga.com/3/all/20160630/78940300/1

페미니스트로 사는 게 재미있다

3 김희지, "'생리컵에 커피 타준다'고? 직접 실험해봤습니다", 〈오마이뉴스〉, 2017년 7월 11일, http://www.ohmynews.com/NWS_Web/View/at_pg.aspx?CNTN_CD=A0002341174

괜찮지 않습니다

1판 1쇄 발행 | 2017년 9월 22일
1판 3쇄 발행 | 2017년 12월 22일

지은이 최지은

발행인 양원석
본부장 김순미
편집장 김건희
일러스트 김혜령
디자인 형태와내용사이
해외저작권 황지현
제작 문태일
영업마케팅 최창규, 김용환, 이영인, 정주호, 양정길, 이선미, 신우섭, 이규진, 김보영, 임도진

펴낸곳 (주)알에이치코리아
주소 서울시 금천구 가산디지털2로 53, 20층 (가산동, 한라시그마밸리)
편집 문의 02-6443-8902 **구입 문의** 02-6443-8838
홈페이지 http://rhk.co.kr
등록 2004년 1월 15일 제2-3726호

Printed in Seoul, Korea
ISBN 978-89-255-6233-9 (03300)